Anpflanzen
Fang an mit zehn
einfachen Gemüsesorten

Alice Holden

Aus dem Englischen
von Heide Lutosch

TEMPO

Die Originalausgabe erschien 2013 unter dem Titel
Do Grow im Verlag The Do Book Company, London.

TEMPO Bücher erscheinen im
Hoffmann und Campe Verlag.

1. Auflage 2018
Copyright © 2013 by The Do Book Company
Text © Alice Holden 2013
Für die deutschsprachige Ausgabe
Copyright © 2018
by Hoffmann und Campe Verlag, Hamburg
www.hoca.de
Copyright der Photographien © by Nick Hand,
Jon Heslop und Alice Holden
Copyright der Illustrationen © 2012 by Millie Marotta
Umschlaggestaltung: © James Victore
Satz: fuxbux, Berlin
Gesetzt aus der Gazette LT und der DIN OT
Druck und Bindung: Friedrich Pustet, Regensburg
Printed in Germany
ISBN 978-3-455-00314-7

Ein Unternehmen der
GANSKE VERLAGSGRUPPE

»Für mich ist der Blumenkohl schöner als die Rose.«

———

Onkel Monty, *Withnail & I*

Inhalt

	Einleitung	11
1.	Einfach anfangen: Platz	14
	— Workshop: Ein Hochbeet anlegen	18
2.	Kompost: Braunes Gold	29
	— Workshop: Kompostieren	32
3.	Säen	42
4.	Meine Top 10	58
	— Winterharte Kräuter	61
	— Ein- und zweijährige Kräuter	66
	— Sommersalate	69
	— Wintersalate	72
	— Mangold und Spinat	75
	— Rote Bete	78
	— Zucchini und Gurken	81
	— Tomaten	87
	— Bohnen	92
	— Wintergemüse	98
5.	Wache halten	108

6.	Die Ernte genießen	122
	— Rezepte	128
7.	Wachsen und wachsen lassen	152
	Seitentriebe	160
	— Nachbarpflanzen	161
	— Gartenkalender	162
	— Quellen	165
	Über mich	166
	Dank	169
	Register	171

Für Pip, der mich in meinen Gärten besucht hat.

Folientunnel in Fforest, Westwales

Einleitung

Dieses Buch erklärt dir nicht, wie du jedes Gemüse unter der Sonne anbauen kannst. Die Einschränkung soll keine Bevormundung sein, aber wenn man wenig Platz zur Verfügung hat und vor einer Fülle von Auswahlmöglichkeiten steht, stellt sich doch als Erstes die Frage: Womit fange ich an?

Wenn wir uns auf wenig konzentrieren und damit zu guten Erträgen kommen, wird uns das motivieren, einen immer größeren Anteil unserer Nahrung selbst anzubauen – davon bin ich überzeugt.

In den vergangenen Jahren habe ich bei zahlreichen gewerblichen Gemüsebauern gearbeitet, die ihr Gemüse nicht nur biologisch, sondern auch in vielen unterschiedlichen Sorten anbauen, um die Artenvielfalt und die Robustheit der Pflanzen zu fördern. Wenn aber ein Gärtner nur wenig Platz zur Verfügung hat, dann neigt er nach meiner Beobachtung dazu, sich auf ganz bestimmte Pflanzen zu konzentrieren. Im Allgemeinen sind das die ertragreicheren Gemüse, also die, die schnell wachsen und sich mehrmals ernten lassen. Nehmen wir zum Beispiel den Kohl: Um aus einem Samen einen Kohlkopf zu ziehen, braucht man ein Dreivierteljahr und ziemlich viel Platz. Salatpflanzen dagegen brauchen ungefähr sechs Wochen und bringen, wenn man sie richtig erntet, unablässig zarte, schmackhafte Blätter hervor. Ich habe also die Erfahrung gemacht, dass es bestimmte Pflanzen gibt, die sich in einem kleinen Garten mehr lohnen und dadurch mehr Vergnügen bereiten.

Auch andere wichtige Gemüsesorten wie Kartoffeln, Zwiebeln und große Karotten werden besser im großen Stil angebaut, für den die meisten Menschen einfach nicht das erforderliche Land haben. Wenn es aber unser Ziel ist, wenigstens einen kleinen Teil unserer Nahrung selbst zu produzieren, dann kann jeder, der ein wenig Platz zur Verfügung hat, einen wichtigen Beitrag zu seiner eigenen Ernährung leisten. Viele Menschen machen das längst, und es hat sich schon einiges getan.

Dieses Buch möchte dich ermutigen, loszulegen und auf eine Ernte hinzuarbeiten, die du selbst essen kannst! Und damit das Ganze machbar bleibt, habe ich mich auf zehn Dinge konzentriert:

1. Winterharte Kräuter
2. Ein- und zweijährige Kräuter
3. Sommersalate
4. Wintersalate
5. Mangold und Spinat
6. Rote Bete
7. Zucchini und Gurken
8. Tomaten
9. Bohnen
10. Wintergemüse

Diese Auswahl basiert, wie die vieler anderer Gärtner, auf dem Verhältnis von Platz und Ertrag (wenn du wenig Platz hast, fang mit den Pflanzen an, die ganz oben auf der Liste stehen), der Einfachheit des Anbaus und der besonderen Geschmacksintensität bei frischem

Verzehr. Das sind die zehn Dinge, die ich Jahr für Jahr anpflanze, egal wo ich gerade lebe.

Seine Nahrung selbst anzubauen, hat viele Vorteile. Zuallererst tut es vielen Gemüsesorten, Bohnen und Kräutern nicht gut, verpackt, eingeschweißt, gekühlt und mit dem Laster durch die Gegend gefahren zu werden. Die zarten und empfindlichen Pflanzen auf meiner Liste, wie Sommersalate und einjährige Kräuter, wandern am besten direkt aus dem Garten in den Mund.

So wird Ernährung zu einer ganzheitlichen Erfahrung: Säen, Ernten, Kochen, Essen – und nicht zu vergessen das Vergnügen, das jede Phase dieses Prozesses bereitet.

Betrachte die Dinge neu. Fang an zu gärtnern.

Der Garten in Fforest, Westwales

1
Einfach anfangen: Platz

Menschen, die ihre eigene Nahrung anbauen, sind oft sehr bewandert. Die Welt ist voll von versierten Kleingartenbesitzern und Gemüsegärtnern, aber ausprobieren kann es jeder. Seit Jahrtausenden pflanzen Menschen ihre Nahrung selbst an, und wir alle sind dazu in der Lage.

Als ich vom walisischen Land zurück in die Stadt zog, wurde mir klar, mit welchen Schwierigkeiten Stadtbewohner zu kämpfen haben, vor allem was den Platz angeht. Mit meinen scharfen Gärtnerinnenaugen bemerkte ich Unkraut, das zwischen den Ritzen der Gehwege sprießte, Kräuter auf den Balkonen von Hochhäusern und Tomatenpflanzen auf Türstufen. Das rief mir ins Gedächtnis, dass selbst auf kleinstem Raum gegärtnert werden kann.

Um ein Gefühl für deine Anbaumöglichkeiten und für den dir zur Verfügung stehenden Platz zu bekommen, solltest du dir am Anfang folgende Fragen stellen:

Für welche Art von Behältnissen habe ich Platz?
— Einen einfachen Blumentopf, einen Balkonkasten, ein Hochbeet?

Welche Bedingungen bietet mein Standort?
— Ist er windgeschützt?
— Hat er viel Sonne?
— Gibt es Wasser in der Nähe?

Habe ich geeignete Erde?
Wenn du nicht gerade das Glück hast, liebevoll gepflegte Hochbeete oder ein Gartengrundstück voll dunkler, regenwurmreicher Erde übernehmen zu können, hast du ein Stück Arbeit vor dir! Denn sehr wahrscheinlich hat die Erde, die du vorfindest, eins oder mehrere der folgenden Probleme:

— Steine
— Klumpen
— Staunässe
— Verdichtung
— Risse
— Unkraut

Erde, die man nicht pflegt, verkümmert – vor allem dann, wenn sie unbedeckt bleibt. Die Hauptprobleme sind Verdichtung, Erosion und mangelnde Fruchtbarkeit, die daraus resultiert, dass man nach der Ernte kein organisches Material zuführt.

Denk an den Kreislauf von Geben und Nehmen! Wenn du die Erzeugnisse deines Bodens erntest, vergiss niemals, dem Boden haufenweise guten Kompost zurückzugeben (später mehr zu diesem Thema). Mach außerdem das Beste aus dem Platz, den du zur Verfügung hast, indem du sowohl über die Tiefe als auch die Ausbreitung deines Bodens nachdenkst. Tatsächlich kann es ein Segen sein, nur wenig Platz zur Verfügung zu haben, weil man dadurch gezwungen ist, seine Energie effizient zu nutzen. Statt sich darüber den Kopf zu zerbrechen, wie man neue Erde heranschaffen könnte, sollte man die Vorteile sehen, die es hat, wenn man sich nur um eine kleine Fläche kümmern muss: Man kann die Verbesserung des Bodens selbst vornehmen, was dann im Gegenzug auch zu höheren Erträgen führen wird.

Klein bedeutet hier also: intensiv, produktiv, nachhaltig und wunderschön.

DAS WICHTIGSTE WERKZEUG

Ich gehöre nicht zu den Menschen, die sich zum Gärtnern umziehen und jedes nur denkbare Werkzeug besitzen. Ich beschränke mich lieber auf das Wichtigste. Es gibt ein paar Werkzeuge, die man wirklich braucht, um loszulegen, aber es sind wenige.

Meine Grundausstattung:
— **Meine Hände**
— **Gummihandschuhe von Marigold** – Handschuhe sind etwas sehr Persönliches
— **Gartenmesser**
— **Gießkanne**
— **Wasserschlauch** Ich benutze ihn viel, und es lohnt sich, in ein robustes Exemplar zu investieren, das nicht abknickt
— **Schubkarre**, um damit (MASSENWEISE) Kompost, Unkraut und Saatschalen zu transportieren
— **Bambusstöcke**, um Pflanzen abzustützen
— **Schnur** zum Pflanzen von (halbwegs) geraden Reihen, zum Messen von Entfernungen und um Pflanzen an Stöcke zu binden
— **Grabgabel** zum Unterarbeiten von Dünger und zum Wenden des Komposts
— **Eimer** zum Sammeln von Unkraut

- **Spaten**, um gute Erde umzuschichten
- **Pflanzschaufeln** zum Jäten und Pflanzen
- **Anzuchtschalen**, um darin Samen zu säen
- **Stifte und Eisstiele** zum Kennzeichnen von Setzlingen
- **Anzuchterde** (möglichst biologische) aus einem Gartencenter
- **Harke** zum Zerkleinern von Erdklumpen und um den Boden für die Bepflanzung vorzubereiten

Gelegentlich brauche ich noch Folgendes:
- **Gartenschere** zum Beschneiden
- **Luftpolsterfolie/Gartenvlies**, um Pflanzen vor Frost zu schützen
- **Notizbuch** als Gedächtnisstütze, was ich wo und wann gepflanzt habe
- **Alte Gefäße** zur Herstellung von Bierfallen gegen Schnecken
- **Netze**, um die Ernte vor Vögeln zu schützen

Das klingt nach einer großen Ausrüstung, aber ich gärtnere auch manchmal in relativ großem Maßstab. Meist komme ich mit weniger aus. Das wichtigste Hilfsmittel sind die Hochbeete selbst, außerdem Anzuchtschalen und natürlich meine Hände.

Wenn man Zugang zu einem Gewächshaus hat, ist das von unschätzbarem Wert, aber die meisten Pflanzen lassen sich auch so ziehen.

Alle Pflanzen sind unterschiedlich, aber die Bedingungen, unter denen sie sich gesund entwickeln können, sind ähnlich. Das mag banal klingen, doch es lohnt sich, diese Dinge im Kopf zu behalten (und ich werde sie im Laufe des Buches noch oft wiederholen!), denn sie sind für den Anbau von Nutzpflanzen immens wichtig. ·

Wenn du Samen in die Erde bringst, ein Hochbeet baust oder dich darum kümmerst, das Wachstum irgendeiner Pflanze zu unterstützen, nimm dir einen Moment Zeit, darüber nachzudenken, welche Faktoren es ermöglichen, dass etwas Lebendiges gedeiht. Es sind dieselben Faktoren, auf die wir auch selbst angewiesen sind:

— Nahrung
— Wasser
— Platz zum Wachsen
— Schutz vor Witterung
— Natürliches Licht

Nahrung für Pflanzen findet sich in gut genährten, gesunden Böden. Dieser Aspekt ist keineswegs unwichtig, kein freundlicher Zusatz, um den man sich kümmern kann, aber nicht muss. Um den Boden lebendig zu halten, solltest du ihm etwas in sich Ausgewogenes zufügen, etwas, das schon aus der richtigen Mischung von Zutaten besteht. Kompost ist dafür ideal. Er enthält Nahrung für Pflanzen und Mikroorganismen für den Boden. Außerdem trägt der Kompost zu einer Bodenstruktur bei, die es den Nährstoffen und dem Wasser ermöglicht, zu den Pflanzen zu gelangen.

Der Erdboden ist eine komplexe Sache. Aber welchen Boden du auch immer geerbt hast: Der einfachste Weg, ihn zu pflegen und zu verbessern, ist Kompost.

Hochbeete

Das Schöne an der Arbeit im kleinen Maßstab ist, dass man seine Anbaufläche von Hand erschaffen und von Hand bearbeiten kann. Dies tut man am besten, indem man sich auf ein relativ kleines Stück Boden konzentriert. Wenn du genug Platz dafür hast, solltest du unbedingt ein Hochbeet anlegen. Obwohl wahrscheinlich 90 Prozent der schweren Arbeit, die du insgesamt bewältigen musst, in den Bau deines Hochbeetes fließen wird, zahlt sich die Plackerei wirklich aus: Später erspart dir das Hochbeet viel Mühe und entschädigt dich durch eine reiche Ernte. Wenn du das im Kopf behältst, wird dir diese schwere Arbeit hoffentlich zur Herzensangelegenheit.

Dadurch, dass man sich auf eine begrenzte, handhabbare Fläche beschränkt, kann man die Erde so bearbeiten, dass sie die besten Anbaubedingungen bietet. Im großen Maßstab ist die Kultivierung sehr schwierig

Die Pantsaeson-Farm in Westwales

und braucht eine Menge Energie, denn der Boden muss von seinem natürlichen, bedeckten Zustand befreit werden. Die Erfindung des Pflugs war bahnbrechend, und es ist kein Zufall, dass auf dem Land viele Pubs den Pflug in ihrem Namen tragen.

Hochbeete sind ein hervorragendes Mittel, um einen Bereich mit hochwertiger Erde für den Gemüseanbau zu schaffen. Sie bieten eine von allen Seiten erreichbare Arbeitsfläche und ermöglichen es, Gemüse, Kräuter, Salate und Bohnen kreativ zu mischen, Blumen zu ergänzen und so weiter.

Die grundsätzliche Idee besteht darin, dass man die Tiefe der fruchtbaren, komposthaltigen Erde erhöht. Viele Gärtner ziehen es vor, ihr Beet einzufassen, damit die Umgrenzung klar ist und die Erde nicht weggeschwemmt wird. Dazu eignen sich zahlreiche Materialien, neue und alte. Achte lediglich darauf, dass deine Erde nicht mit etwas Giftigem (z. B. chemisch behandeltem Holz) in Berührung kommt. Die

Der Garten in Fforest

Umrandung der Hochbeete ist aber kein Muss: Eine weniger arbeitsintensive Variante ist es, einfach Erde anzuhäufen. Beide Praktiken haben Vor- und Nachteile, aber letztlich kommt es darauf an, welche Materialien du zur Verfügung hast und was du lieber magst. Ich würde sagen, wenn du wenig Zeit hast, funktionieren eingefasste Beete am besten, denn dann ist die Wahrscheinlichkeit geringer, dass Unkraut und Gras auf sie übergreifen. Auch psychologisch gesehen kommen mir umrandete Beete besser vor – irgendwie geben sie einem das Gefühl, dass man sie leichter bewältigen kann. Wenn du aber die Materialien, die Zeit oder das Geld nicht hast, kannst du genauso gut ein Hochbeet anlegen, das nur aus Erde besteht.

Und in der Minimalvariante sind Blumentöpfe und Balkonkästen nichts anderes als Hochbeete im Kleinformat.

WORKSHOP: EIN HOCHBEET ANLEGEN

Wenn du einen geeigneten Platz für dein Beet festgelegt hast – unter Einbeziehung der Bedingungen, die deine Pflanzen zum Gedeihen brauchen (siehe Seite 20) – solltest du die Vermessung des Beetes und der darum herumführenden Pfade in Angriff nehmen. Ich benutze Stöcke und Schnur, um die verschiedenen Gebiete zu kennzeichnen.

Maße

Wenn ich die verschiedenen Abstände ausmesse, versuche ich, die Maße zu ignorieren, die in irgendwelchen Büchern vorgegeben werden und mir stattdessen klarzumachen, welche Gründe dafür sprechen, einen Abstand so und nicht anders zu festzulegen.

Die Breite sollte so gewählt werden, dass du die Mitte des Beetes einigermaßen leicht erreichen kannst, ohne auf das Beet treten zu müssen. Eines Tages wirst du im Bereich der Beet-Mitte etwas anpflanzen wollen, und dann ist es wichtig, dass du überall hinkommst.

Die Pfade um das Beet herum sind wichtig, weil sie den Boden im Inneren des Beetes davor schützen, zertrampelt und festgetreten zu werden. Bedenke außerdem, dass du wahrscheinlich irgendwann eine Schubkarre auf dem Rand des Beetes ausleeren möchtest. Vermutlich wird sie mit Kompost beladen sein, weshalb du auch über den Standort deines Komposthaufens nachdenken solltest, wenn du unnötige Entfernungen vermeiden möchtest.

Die Länge des Beetes liegt ganz bei dir. Führ dir jedoch vor Augen, dass du wahrscheinlich nicht auf deine kostbaren Pflanzen und den wertvollen Boden treten willst und deshalb den ganzen Weg um das Beet herumlaufen musst, um auf die andere Seite zu kommen. Je breiter die Pfade sind, desto weniger Platz bleibt zum Pflanzen. Es ist also ein Kompromiss zwischen Bequemlichkeit und Ertrag.

Als grobe Richtlinie kannst du die folgenden Maße nutzen:
Beet: 140 cm Breite × 15 cm Tiefe × 150–400 cm Länge
Pfade: ungefähr 30 cm Breite

Materialien
Früher habe ich Hochbeete aus Gerüstbrettern, ausrangierten Holzdielen und unbehandelten oder eingeschweißten Eisenbahnschwellen gebaut. Bei der Verwendung solcher Materialien musst du sicherstellen, dass die hochkant stehenden Bretter gut abgestützt sind. Die Erdmassen in einem Beet können erheblichen Druck entfalten. Ihre Konstruktion sollte deshalb so solide wie möglich sein. Eine Möglichkeit ist es, Pfosten in den Boden zu schlagen. Die Bretter, die du als Seitenwände für dein Beet nehmen möchtest, kannst du dann an die Pfosten nageln oder mit Schraubbolzen daran be-

festigen, um sie gut abzustützen, und zwar möglichst an jeder Ecke.

In anderen Phasen habe ich Hochbeete ohne Umrandung angelegt, indem ich einfach Erde aufgehäuft habe. Außerdem muss ich zugeben, dass ich auch schon auf fertige Plastik-Hochbeete aus dem Gartencenter zurückgegriffen habe. Beide Methoden funktionieren bestens. Natürlich versuche ich, meinen Plastikgebrauch einzuschränken, aber wie bei allen Ressourcen sollte man abwägen, was am praktischsten und haltbarsten ist.

Befüllen

Wenn du dein Beet auf einem grasbewachsenen Untergrund errichtest, musst du diesen nicht umgraben – vorausgesetzt, du hast genügend Erde, um das weitere Wachstum zu blockieren. Grabe zunächst sämtliche mehrjährige Unkräuter (z. B. Ampfer) aus. Lege dann eine Schicht feuchter Pappe über das Gras, damit kein Licht durchdringt und du sicher sein kannst, dass das Gras abstirbt. Danach kannst du deine Erde einfüllen.

Je dicker beim Befüllen die Schicht von gesundem Humus und Kompost wird, desto besser entwickeln sich deine Pflanzen. Humus ist die oberste Erdschicht. Ich habe auf Höfen gearbeitet, die mit krümeligen, fetten Böden gesegnet waren, aber es ist sehr viel wahrscheinlicher, dass du deinen Spaten in einen Boden stichst, der beim Graben steiniger und dichter wird. Wenn das der Fall ist, hebe die lockere obere Bodenschicht von den Stellen, an denen du deine Pfade anlegen willst, und streue die Erde über dein Beet, um das zu strecken, was da ist. Wahrscheinlich wirst du feststellen, dass du trotzdem nicht genügend lockere, regenwurmreiche Erde zur Verfügung hast. In diesem Fall wirst du dir von irgendwoher zusätzliche Komposterde besorgen müssen.

    Wenn du deinem Beet jährlich mindestens 5 cm Kompost zufügst, sollte es gesund und fruchtbar bleiben.

Die Pantsaeson-Farm in Westwales

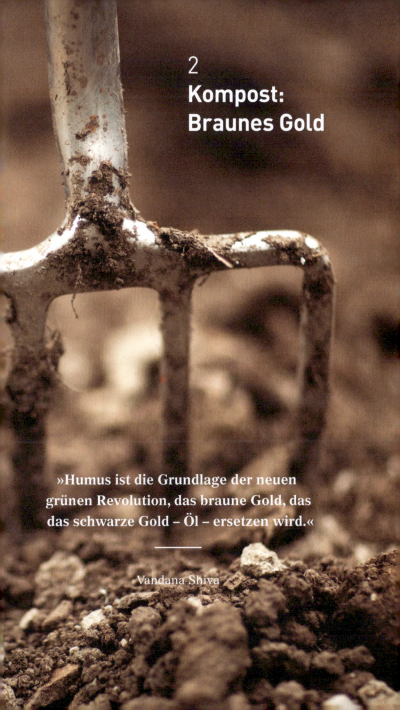

2
Kompost: Braunes Gold

»Humus ist die Grundlage der neuen grünen Revolution, das braune Gold, das das schwarze Gold – Öl – ersetzen wird.«

Vandana Shiva

Male dir einen Stoff aus, der die Fähigkeit hätte, altes Leben in neues zu verwandeln. Einen Stoff, den jeder von uns herstellen könnte, fast überall, mit Materialien, die uns immer zur Verfügung stehen. Es ist kaum zu glauben, dass etwas, das so unscheinbar aussieht wie Kompost, diese wundersamen Eigenschaften besitzen soll. Vielleicht verweigern wir ihm deshalb die Ehre, die ihm gebührt. Ohne makaber klingen zu wollen: Ich kann mir nichts Schöneres vorstellen, als nach meinem Tod in einen Pappkarton gelegt zu werden, in dem mein Körper nach und nach zu Erde zerfallen darf.

Alles, was einmal gelebt hat, kann sich nach dem Tod zersetzen und neues Leben schaffen. Dieser Weg, Fruchtbarkeit und wichtige Mineralien zu recyceln, ist von zentraler Bedeutung, wenn es um den Anbau unserer eigenen Nahrung geht. Kompost verbessert die Bodenbeschaffenheit, hilft, Wasser zu speichern, bindet CO_2 aus der Luft und befindet sich in einem Prozess ständiger Verwesung, durch den Regenwürmer und andere Bodenbewohner ihre Nahrung erhalten.

Wir alle haben Zugang zu organischen Abfällen. Durchschnittlich 40 Prozent von dem, was wir als Müll zur Deponie bringen, könnte zu wertvollem Kompost verarbeitet werden. Und dieser könnte, nachdem einige Zeit ins Land gegangen ist, wieder auf deinem Gemüsebeet landen.

Wenn du deinen Gemüsegarten ohne längere Vorbereitungen in Gang bringen musst und nicht darauf warten kannst, dass dein Kompost reif ist, gibt es andere Möglichkeiten. Man kann Säcke mit fertigem organischem Kompost im Gartencenter kaufen. Auf welche günstigeren Quellen du zurückgreifen kannst, hängt ganz von deiner Lebenssituation ab. Land, das gerade erschlossen wird, kann eine gute und preiswerte Quelle für Erde sein, auch wenn es hier natürlich keine Qualitätsgarantie gibt. In der Stadt sind die städtischen Recyclinghöfe für Grünabfälle eine gute Anlaufstelle für bezahlbaren Kompost. Auch Stallungen können eine reiche Quelle für Bodenfruchtbarkeit sein, aber mach dir bewusst, dass es Stroh gibt, das mit Chemikalien behandelt wird und sogar beim Kompostieren nicht verwest. Dies kann deinen Pflanzen schaden. Frage am besten, ob auch andere Gärtner diesen Dung für den Gemüseanbau verwenden oder bezieh deinen Dung aus Ställen mit biologischem Stroh. Dung muss immer kompostiert werden, bevor du ihn für deine Beete nutzen kannst. Nur teilweise kompostierten Stalldung kannst du dann benutzen, wenn du ihn als unterste Schicht in deine Beete einarbeitest.

Manche von uns haben vielleicht das Glück, einen alten Komposthaufen zu erben. Wenn dieser Kompost gut zersetzt und nicht voller großer Klumpen ist, nutze ihn, um dein Beet aufzufüllen. Falls nicht, setze jetzt einen Komposthaufen auf, den du in Zukunft nutzen kannst. Oder fördere den Zersetzungsprozess deines vorhandenen Komposts mithilfe der folgenden Ratschläge.

WORKSHOP: KOMPOST HERSTELLEN

Kompostmachen ist ein bisschen wie Torte backen. Sämtliche Zutaten, die du dafür brauchst, kommen aus unterschiedlichen Sorten organischen Abfalls, der von Lebewesen stammt. Unter Bedingungen, die es lebendigen Organismen wie Würmern ermöglichen, ihn zu zersetzen, zerfällt der Abfall zu Kompost.

Du brauchst dafür ein ausgewogenes Verhältnis von kohlenstoffreichen »braunen« Materialien (die aus Holz bestehen, wie zum Beispiel Papier) und saftigeren, stickstoffreichen »grünen« Materialien (wie Gras und die Schalen verschiedener Gemüsesorten). Im Grunde musst du nur alles gut vermischen. Je weniger Materialien du insgesamt hast und je öfter du auflockerst, desto schneller werden die Abfälle sich zersetzen und in Kompost verwandeln.

Du hast also das Ziel, lebendige Organismen dazu zu bringen, die schwere Arbeit für dich zu übernehmen. Wenn du alles gut schichtest, mixt und kleinhackst, stellst du genau die Bedingungen her, die für Luft, Feuchtigkeit und Mikroben im Kompost unerlässlich sind.

Als Umrandung nehme ich alte Paletten, die ich seitlich hinstelle, um ein kleines Gehege zu schaffen. Man kann auch Maschendraht nehmen und ihn an Pflöcken befestigen. Oder du probierst es mit einem der fertigen Behälter, die manchmal von der Gemeindeverwaltung zur Verfügung gestellt werden oder kaufst einen im nächsten Gartencenter. Solche Umrandungen erleichtern das platzsparende Übereinanderschichten der Kompostkomponenten, was wiederum dafür sorgt, dass Wärme entsteht und der Verrottungsprozess einsetzen kann. Die Ausflüsse des Komposts sind sehr nährstoffreich und können Wasserläufe verschmutzen, deshalb ist es wichtig, dass du deinen Kompost nicht in der Nähe von Wasserwegen errichtest. Und wenn du deine Muskeln schonen möchtest, baue deinen Kompost direkt neben den Beeten, auf denen er am Ende landen soll.

Zutaten

Brauner Abfall: Holzhaltiges Material von verblühten Pflanzen, (unbehandeltes) Stroh, dürre Äste, zerrissene Zeitungen und Pappen, Holzspäne und Sägemehl (vergewissere dich, dass beides nicht von behandeltem Holz oder von Nadelholz stammt, das sehr säurehaltig sein kann).

Grüner Abfall: Gras und anderer grüner Pflanzenabfall, einschließlich Unkraut (aber vermeide Samenstände und die Wurzeln mehrjähriger Unkräuter wie Ampfer, Quecken und Nesseln – diese kannst du in einen Eimer mit Wasser legen, bis sie nicht mehr zu erkennen sind und dann über den Kompost gießen), Küchenabfälle wie Gemüseschalen, Teebeutel und Kaffeesatz, Tier-Dünger und Streu von pflanzenfressenden Tieren.

Anderes: Seetang, Holzasche (nicht in großen Mengen), natürliche Fasern (wie Wolle), Eierschalen, Haare, Federn, Blumen.

Unbedingt vermeiden: Nicht-organische Materialien wie Glas, Plastik, Metall, glänzendes oder gefärbtes Papier, Windeln, Streu von fleischfressenden Haustieren.

Fleisch und Reste von Milchprodukten können Ratten in Komposthaufen locken. Trotzdem glaube ich, dass kein organischer Stoff auf die Mülldeponie wandern sollte. Diese Produkte werden manchmal von der Gemeinde für dich kompostiert, denn sie hat dafür die passenden Anlagen. Falls deine Gemeindeverwaltung diesen Service nicht anbietet, frage ruhig einmal nach, warum nicht.

Daran solltest du denken

— Wenn du deinen Komposthaufen abdeckst, wird das die Kompostierung beschleunigen, aber achte darauf, dass er nicht austrocknet. Wässere den Komposthaufen oder lass ihn gelegentlich nassregnen.
— Wenn du keine Zeit hast, die Materialien zu zerkleinern, bevor du sie auf den Kompost gibst, ist das nicht so schlimm: Solange du verschiedene Materialien miteinander kombinierst, werden sie trotzdem zerfallen. Es müssen aber dafür unbedingt genügend Feuchtigkeit und Luft zur Verfügung stehen.
— Denk daran, dass ein Kompost voller Leben ist. Ohne ausreichenden Zugang zu Feuchtigkeit und Sauerstoff sind viele Organismen nicht in der Lage, den Kompostierungsprozess durchzuführen.
— Wenn dein Garten klein ist und du viel grünen Küchenabfall und wenig Gartenabfälle hast, kannst du als Kohlenstoffquelle Pappe und Papier hinzufügen, solange es sich dabei nicht um Hochglanzmaterialien handelt.
— Wenn du einen größeren Garten mit vielen Gartenabfällen hast, kann es eine gute Idee sein, drei Haufen anzulegen: einen für holziges Material, einen für grünen Abfall und einen dritten Haufen, auf dem du die beiden Zutaten übereinanderschichtest.

Menschliche Abfälle – das große Tabu

Auch wenn ich nicht empfehle, diese besondere Form organischen Materials auf den Hauskompost zu geben: Unser menschlicher Abfall ist unter Umständen eine extrem wertvolle Fruchtbarkeits- und Phosphorquelle für unsere Böden. Fester menschlicher Abfall muss zwar unter ganz bestimmten Bedingungen kompostiert werden, um sicherzustellen, dass sämtliche schädliche

Krankheitserreger abgetötet werden, aber wenn wir uns und unsere Böden auf Dauer im globalen Maßstab ernähren wollen, müssen wir tatsächlich darüber nachdenken, unseren eigenen Abfall wiederzuverwerten. Mit den entsprechenden Systemen könnten wir etwas, das als Schadstoff betrachtet wird, in etwas Sicheres und Nützliches verwandeln.

Wenn wir in Zukunft die Nahrungsmittelnachfrage stillen wollen, werden wir jedes bisschen organischer Materie recyceln müssen, das uns zur Verfügung steht.

Laubhumus

Man kann Laub zwar auf Komposthaufen geben, aber viel nützlicher ist es, wenn man es getrennt sammelt. In separaten Haufen oder Säcken wird das Laub, statt von den Bakterien, die in einem Kompost leben, von einem Pilz zersetzt. Zum Sammeln abgefallener Blätter sind alte Kompostsäcke ideal. Hier werden sie zu krümeligem Laubhumus zerfallen, der sich gut zur Bodenverbesserung eignet und die Fähigkeit der Böden, Flüssigkeit zu speichern, steigert. Wenn du Laubhumus vorbereitest, stelle sicher, dass die Blätter feucht sind, weil sie sonst nicht zerfallen können. Viele Monate später wird das Laub anfangen, wie Erde auszusehen, und in diesem Moment ist der Humus gebrauchsfertig.

Seetang

Wenn du am Meer lebst, hast du vielleicht Zugang zu Seetang, der am Strand angeschwemmt wird. Wenn er kompostiert wird, kann er dem Boden wertvolle Mineralien zufügen und seine Struktur verbessern. Bevor ich ihn benutze, lasse ich ihn meist für eine Weile ausgebreitet draußen liegen, damit der Regen ein bisschen von dem Salz abwaschen kann, oder ich spritze ihn einfach mit dem Schlauch ab. Auf den Hebriden vor Schottland, wo es an normalem Kompostmaterial mangelt, wird Seetang über den Winter in dicken Schichten auf den Gartenbeeten ausgebreitet, wo er nach und nach in nährstoffreichen Kompost zerfällt.

Urin

Urin ist ein natürlicher Dünger, denn er enthält Stickstoff, Kalium und Phosphor, also die drei Grundstoffe, die für das Pflanzenwachstum immer gebraucht werden. Frischer Urin ist steril und gebrauchssicher: Verdünne ihn mit Wasser (damit er für die Würmer nicht zu säurehaltig ist) und gib ihn auf den Komposthaufen. Dies wird seine Aktivität anregen.

Städtischer Kompost

Oft bieten Stadtverwaltungen die Kompostierung von Gartenabfällen aus der Gemeinde an. Dieser Kompost kostet nicht viel, manchmal ist er sogar umsonst.

Es ist immer gut, die Ressourcen zu nutzen, die es vor Ort gibt. In manchen Städten wurden Stellen eingerichtet, an denen man sich den Kompost einfach abholen kann. Auch wenn dieser Kompost nicht immer die höchste Qualität hat, trägt er zur Verbesserung des Bodens bei, und gleichzeitig recyceln wir dadurch unseren Abfall. Je öfter wir unsere Stadtverwaltungen nach solchen Angeboten fragen, desto schneller werden sie sie auf ihre Tagesordnung setzen.

Würmer

Würmer mögen uns unbedeutend erscheinen, aber sie spielen bei der weltweiten Erhaltung unserer Böden eine entscheidende Rolle. Sie ernähren sich von organischem Material aus den Böden. Die Ausscheidungen der Würmer versorgen die Pflanzen mit leicht aufzunehmenden Nährstoffen. Außerdem lockern und belüften die Würmer mit dem Bau ihrer Höhlen die Böden. Die Menge an Würmern in einem Boden ist ein Anzeichen dafür, wie gesund er ist. Würmer mögen es nicht, wenn man sie stört, aber sie werden gern gefüttert. Halte dich auch hier an organische Materialien. Wenn du Kompost auf einem Beet ausbreitest, werden die Würmer ihn nach unten ziehen. Man muss ihn also nicht unterarbeiten, denn die Würmer werden das Ganze sehr viel behutsamer erledigen.

Wenn du einen kleinen Garten und viele Küchenabfälle hast, ist ein Wurmkomposter eine gute Möglichkeit, Küchenabfälle in Pflanzennahrung zu verwandeln. In einer Kiste mit Löchern kannst du deinen eigenen Wurmkomposter anlegen. Breite, flache Boxen sind dafür gut geeignet, denn Würmer arbeiten gern nah an der Oberfläche. Zerreiße Papier oder Pappe, feuchte die Schnipsel an und lege den Boden damit aus. Füge dann Würmer und organische Materialien hinzu. Man kann Würmer entweder kaufen oder aus schon bestehenden Komposthaufen oder Wurmkompostern entnehmen. Sie fressen Kaffeesatz, Teebeutel, Gemüsereste und weiche Gartenabfälle. Reste von Fleisch und Milchprodukten sollten nur in sehr kleinen Mengen ergänzt werden. Die Schalen von Zitrusfrüchten und die Haut von Zwiebeln sind in größeren Mengen für die Würmer zu sauer, aber das Kalzium aus Eierschalen kann den pH-Wert ausgleichen und versorgt die Würmer zusätzlich mit Ballaststoffen, die ihre Verdauung fördern. Die Wurmaktivitäten sind temperaturabhängig und verlangsamen sich, wenn es kalt wird. Würmer mögen es dunkel und feucht und brauchen viel Ruhe, um mit dem Kompostieren voranzukommen.

Gründüngung

In einem einzelnen Haushalt werden selten größere Mengen von Kompost produziert. Zur Gründüngung nutzt man Pflanzen wie Klee, Phazelie oder Roggen, mit denen man seine organische Bodensubstanz selbst herstellen kann. Diese Pflanzen führen nämlich dem Boden Nährstoffe zu oder unterstützen ihn darin, sie zu speichern. Die Gründüngungspflanzen vergrößern dadurch die organische Bodensubstanz. Indem ihre Wurzeln sich durch den Boden graben, verbessern sie außerdem seine Struktur. Einige dieser Pflanzen können dem Boden sogar Stickstoff in einer Form zuführen, die für die Pflanzen leicht aufzunehmen ist, wodurch der Boden fruchtbarer wird.

Sogar im Gartenmaßstab sind Gründüngungen nützlich, um im Winter leeren Beeten eine schützende Abdeckung zu geben. Ich benutze dafür häufig Klee, der sowohl den Boden schützt als auch Stickstoff aus der Luft bindet, sobald der Frühling einsetzt. Wenn ich die Gründüngung vor dem Bepflanzen loswerden will, ist dies eine der seltenen Gelegenheiten, bei denen ich meine Hochbeete umgrabe. Ich versuche dabei, die Wurzeln der Hülsenfrüchte (z. B. Erbsen und Bohnen) im Boden zu lassen, damit der Stickstoff aus ihren Wurzeln dem Boden für den kommenden Anbau erhalten bleibt. Ich habe festgestellt, dass Klee sehr robust ist und sich leicht wiederansiedeln lässt, wenn man ihn braucht. Gleichzeitig kann man ihn leicht loswerden. Manchmal ziehe ich ihn auch heraus, oder ich benutze ihn als lebendige, tragbare Mulchdecke, indem ich ihn von einem Ort an einen anderen versetze (mehr zu Mulch auf Seite 117).

Bodensäure

Die Bodensäure hat Einfluss darauf, ob deine Pflanzen Nährstoffe aufnehmen können. Für den Anbau von gesundem Gemüse sollte der pH-Wert eines Bodens einigermaßen neutral sein, also etwa 6,5 betragen. Ein saurer Boden mag sehr fruchtbar sein, aber die Säure kann die Nährstoffaufnahme der Pflanzen reduzieren. Manchmal ist es sinnvoll, sich aus dem nächsten Gartencenter ein einfaches Bodenanalyse-Set zu besorgen, wobei ich aber zugeben muss, dass ich das in Bezug auf einen meiner eigenen Gärten noch nie getan habe, einfach weil es beim Anbau bisher nie Probleme gab. Wenn du aber Schwierigkeiten hast, kann es am pH-Wert liegen. In den allermeisten Fällen werden Probleme von zu sauren Böden verursacht, und falls du einen Verdacht hast, solltest du deinen Boden unbedingt untersuchen.

Wenn dein Boden tatsächlich zu sauer ist, kannst du ihn mit Kalk (in der Natur: Kalziumkarbonat) zurück ins Gleichgewicht bringen. Kalk ist in jedem Gartencenter zu erwerben und sollte entsprechend der Packungsanweisung verwendet werden.

Alkalische Böden sind selten. So oder so kannst du aber beiden Bodentypen auch Kompost zufügen, um ein Ungleichgewicht auszugleichen.

Denk an den Kreislauf von Geben und Nehmen

Für all die köstliche Nahrung, die du dem Boden entnimmst, gib ihm Kompost zurück. Davon abgesehen ist der Boden ohnehin der naheliegendste und vernünftigste Ort, an den dein organischer Abfall wandern sollte: Gemüse- und Eierschalen, Grasschnitt. Fast alles, was einmal lebendig war, lässt sich kompostieren.

Müll entsteht nur dann, wenn wir das, was wertvoll ist, nicht nutzbar machen und wiederverwerten. Es kommt eben darauf an, was wir als wertvoll und nützlich betrachten. Blättersäcke von der Stadtverwaltung, Asche vom Feuer, Stalldünger, Seetang. Halte Ausschau nach Ressourcen, die direkt vor deiner Haustür liegen!

3
Säen

Mein Onkel Roger, der auch Gärtner ist, sagte vor kurzem zu mir: »Samen wollen wachsen.« So schlicht dieser Satz klingt, so sehr hat er mich beeindruckt. Ein Samen ist ein für sein Fortbestehen perfekt ausgestattetes Lebensbündel. Schlafend wartet es darauf, dass sich alle notwendigen Bedingungen zusammenfinden. Und mit einem bisschen Feuchtigkeit, Wärme und Licht erwacht es dann wie durch ein Wunder zum Leben und fängt an zu wachsen.

Anzuchterde

Am Anfang wirst du dir etwas Anzuchterde aus dem Gartencenter besorgen müssen. Dabei gilt es zu bedenken, dass Anzuchterde, Blumentopferde und Mehrzweckerde etwas anders sind als der Kompost, den du selbst herstellst. Diese fertigen Erden bestehen häufig aus einer Mischung von Materialien wie Kokosfaser, geschnitzelter Baumrinde, Sand und organischen Substanzen. Ausgewogen und unkrautfrei wie sie sind, eignen sie sich für die Aufzucht von Samen besonders gut. Es gibt eine Vielzahl von Erden für die verschiedensten Zwecke. Wenn du nach einer nicht zu groben Anzuchterde fragst, kannst du davon ausgehen, dass sie für die Aussaat geeignet ist.

Ich benutze organische, torffreie Erde, damit ich sicher sein kann, dass sie nicht mit künstlichen Düngemitteln oder unter Verwendung von begrenzten oder umweltverschmutzenden Ressourcen hergestellt wurde. Wenn solche Erde nicht vorrätig ist, bitte ich mein Gartencenter, welche zu bestellen. Selbstverständlich kannst du auch deine eigene Anzuchterde herstellen. Mische dafür fünf Teile Laubhumus (der gut verrottet sein und wie krümelige Erde aussehen sollte) mit zwei Teilen sauberem Sand.

Samen kaufen

Weil Fortpflanzung mit dem Samen beginnt, ist seine Qualität sehr wichtig. Eine Garantie, dass der Samen aufgeht, kann es jedoch nicht geben: Saatgut ist unterschiedlich, und wie alles andere wird es von den Jahreszeiten beeinflusst und davon, wie es gelagert wird. Am sichersten ist es, bei guten Saatfirmen zu kaufen – ich habe ein paar von ihnen im Kapitel *Seitentriebe* aufgeführt.

Ich tendiere bei Samen zu Großeinkäufen, die Bestellung gebe ich meist Ende Januar auf. Wenn ich gerade nicht so gut organisiert bin, kaufe ich in unabhängigen Gärtnereien, die oft sehr kenntnisreiche Fachkräfte haben. Bei Brondesbury in Cardigan in Wales bekomme ich zum Beispiel immer wieder wertvolle Tipps und profitiere nebenbei noch von dem regionalen Wissen meiner Mitgärtner darüber, was in unserer Gegend und unserem Klima funktioniert (und was nicht!).

Solange es die Sorten gibt, die ich haben möchte, kaufe ich Bio-Samen. Sie werden aus biologisch gezogenen Pflanzen gewonnen, ohne die Umwelt zu verschmutzen. Je mehr Biosorten wir anpflanzen, desto größer wird die Nachfrage nach ihnen. Diesen Gedanken versuche ich zu unterstützen.

Sorten

Uns steht ein großer Reichtum an Gemüsesorten zur Verfügung. In den Samenkatalogen findet sich eine Palette von Farben, Formen und Größen, die an Süßwarengeschäfte erinnert. Die Auswahl ist überwältigend. Greife am Anfang am besten auf Sorten zurück, die als »verlässlich« oder »robust« gekennzeichnet sind. Ich achte aber auch auf die Geschmacksbeschreibungen. Oft punkten hier die traditionellen Sorten, weil moderne Pflanzen eher auf Lagerfähigkeit und Widerstandskraft gegenüber Krankheiten hin gezüchtet werden. Jedes Jahr ziehe ich einige altbewährte, verlässliche Sorten und daneben ein paar neue Sorten, sozusagen als Joker.

Pass bloß auf – sobald du ein paar Erfolge hattest und dir klar geworden ist, welchen Wert ein einzelnes kleines Tütchen hat, kann der Samenkauf abhängiger machen als jede Näscherei.

Samen gewinnen

Es gab Zeiten, in denen Samen noch nicht mit der Post versandt oder im Gartencenter nebenan gekauft werden konnten. Gärtner wählten damals die beste Mutterpflanze aus und ernteten ihre Samen, um auch im nächsten Jahr etwas zum Anbauen zu haben. Wenn du einmal mit dem Gärtnern angefangen hast, kannst du dieses Verfahren selbstverständlich auch nutzen – schließlich verlassen sich Gärtner seit Generationen darauf.

Viele Pflanzen sind Fremdbestäuber, weshalb sich einige Samen besser für die Samengewinnung eignen als andere. Weil Tomatensamen ziemlich teuer sein können, sind Tomaten ein guter Anfang. Moderne Arten sind selten Fremdbestäuber, weshalb die Pflanzen ihrer Mutterpflanze treu sind und genauso schmecken wie sie, wenn es nicht gerade mit F1 gekennzeichnete Züchtungen sind (Angaben dazu findest du auf den Samentütchen). Der *Garten des Lebens* gibt auf seiner Webseite wertvolle Ratschläge zur Samengewinnung (siehe Quellen).

Alle Samen sollten im Dunklen unter kühlen, trockenen Bedingungen aufbewahrt werden. Die Temperaturen müssen halbwegs gleichmäßig bleiben. Ziel ist es schließlich, die Samen inaktiv zu halten – Feuchtigkeit, Wärme und Licht könnten sie zum Leben erwecken und zum Wachsen bringen! Ich benutze Papiertüten oder Umschläge, die ich mit genauen Beschriftungen versehe und in eine Dose lege, die an einem kühlen Ort aufbewahrt wird.

SAMEN IN DIE ERDE BRINGEN

Zwar ist es richtig, dass die verschiedenen Samen zum Aufgehen unterschiedliche Bedingungen brauchen – es geht dabei um leichte Abweichungen in Bezug auf den Standort und die Temperatur (dazu mehr in Kapitel 4) – aber die eigentliche Methode, die ich anwende, bleibt im Großen und Ganzen dieselbe.

Ich nutze für fast alles, was ich anbaue, die unten beschriebenen Verfahren.

Direktsaat

Direktsaat heißt, dass man den Samen direkt in die Erde bringt. Obwohl dies eine sehr schnelle Aussaatmethode ist, nutze ich sie im Grunde selten. Ab und an, wenn meine Erde eine wundervolle Qualität hat, das Wetter gut ist und sich so gut wie keine Schnecken in meinem Beet befinden, gebe ich tatsächlich ein paar Samen direkt in die Erde, aber im Allgemeinen funktioniert meiner Erfahrung nach das Vorziehen von Samen in Saatschalen sehr viel besser.

Zu Beginn solltest du die Erdoberfläche rechen, um sicherzustellen, dass die Erde frei von Unkraut ist und eine so feine Struktur hat, dass der Samen gut mit ihr in Kontakt kommen kann.

Nimm eine Schnur und befestige sie an jedem Ende an Stöcken, um auf dem Beet eine gerade Linie vorzugeben. Ziehe dann parallel zur Schnur eine gerade Linie in den Boden. Ich benutze dafür das Endstück eines Werkzeugs oder einen Stock. Das Ziel ist eine schmale Furche, in die du deine Samen legen kannst. Sie sollte in etwa doppelt so tief sein wie die Samen.

Lass nun die Samen entlang der Furche fallen. Versuche, dünn auszusäen, damit die Konkurrenz unter den Beet-Bewohnern nicht zu groß wird. Bedecke die Samen dann mit ein bisschen feiner Erde, klopfe die Linie fest und gieße sie vorsichtig.

Tipp

Wenn die Samen sehr klein sind, kann es sinnvoll sein, ein Stück Pappe zu knicken und die Samen in die Falzlinie zu streuen. Klopfe vorsichtig gegen die Pappe, während du sie über der Furche entlangführst. Diese Methode kann helfen, die Samen gleichmäßiger zu verteilen.

Stecklinge

Manche Pflanzen kann man ganz einfach aus Stecklingen von einer Mutterpflanze ziehen. Diese zeit- und geldsparende Methode funktioniert bei Kräutern besonders gut. Ich nutze sie, um neuen Rosmarin zu ziehen, oft auch für Salbei.

Weichholzstecklinge (die neuen, weicheren Triebe) können im Frühling geschnitten werden, halbausgereifte Stecklinge (etwas ältere Sprösslinge, die holzig geworden sind), schneidet man im Sommer.

Schneide deine Stecklinge von dem gesunden, neueren Bewuchs der ausgewählten Pflanze: Nimm etwa 10 cm lange, nicht-blühende Zweige mit vielen Blättern (5–8 cm für Thymian). Ich ziehe dafür einen kleinen Seitenast weg vom Hauptstamm nach unten. So entsteht in der weichen Rinde des Astes eine Art Kante oder Streifen. Zum Schluss solltest du das untere Drittel vorsichtig von Blättern befreien.

Stecke den abgeschnittenen Zweig direkt in einen kleinen Topf voll festgeklopfter Komposterde, aus dem das Wasser gut abfließen kann, achte dabei darauf, das freie Ende – und nicht das mit Blättern – in die Erde zu stecken. Gewöhnlich gebe ich zwei oder drei Ästchen in jeden Topf, um meine Erfolgsaussichten zu erhöhen.

Dies ist eine schnelle und einfache Methode, neue Pflanzen zu ziehen. Ich hatte damit sehr viel häufiger Erfolge als Misserfolge. Mach dir um die genaue Vorgehensweise nicht zu viele Gedanken: Den meisten Stecklingen reicht es, wenn man sie einfach in einen Topf steckt, gießt und auf eine sonnige Fensterbank stellt.

Meine Lieblingsmethode: Saatschalen

Von allen Tricks und Techniken zur erfolgreichen Aufzucht von Pflanzen finde ich den Anfang im geschützten Raum einer Saatschale am besten. Diese Methode vergrößert deine Erfolgsaussichten erheblich. Denk noch einmal an die wichtigsten Bedingungen, die erfüllt sein müssen, damit Pflanzen wachsen können, und dir wird klar warum. Wenn du in einer Schale aussäst, ist es einfach, den Samen und Setzlingen gleich zu Anfang optimale Bedingungen zu bieten – Nährstoffe,

Wasser, Licht, Wärme und Schutz – denn man kann die Schalen einfach umstellen.

Lieber als normale Saatschalen benutze ich Anzuchtschalen mit einzelnen Fächern. Das sind unterteilte Tabletts, die man (anders als die offenen Saatschalen) leicht als Ganze in die Erde bringen kann, wenn es an der Zeit ist, die Setzlinge nach draußen zu pflanzen. Dadurch vermeidest du, dass die Wurzeln der Pflanzen beschädigt oder abgerissen werden.

Normalerweise benutze ich Schalen im DIN A3-Format mit 150 Löchern für Anzuchterde und Samen. Ich mag diese spezielle Größe am liebsten, aber andere Modelle funktionieren auch. Im Gartencenter gibt es viele verschiedene Arten und Größen. Normalerweise reichen 5 cm tiefe Löcher von 2,5 cm Durchmesser aus, um den kleineren Samen genügend Platz und einen guten Start zu bieten.

Schütte auf einer flachen Arbeitsfläche Anzuchterde in die Schale und fülle dabei jedes Loch. Klopfe dann die Erde nach unten, indem du die Schale ein paar Mal auf eine harte Unterlage schlägst. Dann fülle weitere Erde nach, bis die ganze Schale gefüllt und die Anzuchterde dicht und gleichmäßig verteilt ist. Es ist sehr wichtig, Luftlöcher zu vermeiden, denn die Samen brauchen direkten Kontakt zur Erde, damit sie keimen können.

Als Nächstes mit dem Finger, einem Stock oder einem Stift kleine Löcher in die Erde bohren, die etwa doppelt so tief sein sollten wie die Samen, die du aussäst. Manche Samen, wie zum Beispiel die des Kopfsalats, sind so winzig, dass sie direkt unter der Oberfläche der Erde liegen können.

Streue jetzt noch eine weitere dünne Schicht Anzuchterde über der Saatschale aus, damit die Samen gut bedeckt sind, und klopfe sie vorsichtig fest. Wieder ist es sehr wichtig, dass der Samen sich gut in die Erde einschmiegen kann.

Zum Schluss die Schale mithilfe einer Gießkanne oder eines Schlauches mit feinem Sprühaufsatz wässern. Sei dabei sehr vorsichtig, damit die Samen nicht vom Wasser weggespült werden.

Tipp
Über den Daumen gepeilt, nehme ich pro Loch einen Samen. Wenn man aber die Pflanzen – zum Beispiel Salat – besonders klein und zart halten möchte, kann man auch mehrere Samen in jede Unterteilung geben. Durch die Konkurrenz mit anderen Setzlingen wird das Pflanzenwachstum gehemmt.

Wohin mit den Saatschalen?

Stell deine Saatschalen an einem warmen, hellen und geschützten Platz auf – idealerweise in einem Gewächshaus – und lass die Schalen nicht austrocknen. Behalte also einfach immer die Grundbedürfnisse von Pflanzen im Kopf. Die Anzuchterde wird den Setzlingen alle Nahrung (will heißen: alle Nährstoffe) zur Verfügung stellen, die sie in diesem frühen Wachstumsstadium brauchen.

Um Pflanzen in Saatschalen aufzuziehen, sind Gewächshäuser ideal. Sie sind hell und warm und bieten Schutz vor Wetter und Schädlingen. Wenn du keinen Zugang zu einem Gewächshaus hast, kannst du die Gewächshausumgebung so gut wie möglich simulieren.

Mir selbst hat in den letzten Jahren immer ab Februar mein Badezimmer als Aufzuchtstation für meine wärmehungrigsten Pflanzen gedient. Hier keimten schon über 300 gesunde Tomatenpflanzen (und natürlich alle meine Gurken, Zucchini, und Paprika)!

Vielleicht ist dies ein extremes Beispiel, aber es zeigt, wie man sich behelfen kann, wenn man begrenzte Mittel und wenig Platz hat. (Im Moment ist mein Hauptproblem nicht, dass ich in London lebe, sondern dass ich Mitbewohner habe!)

Im kleinen Maßstab können Fensterbänke, Wintergärten oder ein einfaches Freiluft-Frühbeet (ein Kasten mit einem Deckel aus Glas oder durchsichtigem Plastik, also eine Art Mini-Gewächshaus) genutzt werden, um Pflanzen durch die erste Phase ihres Lebens zu bringen. Während die Anzucht im Haus den Pflanzen Wärme und Schutz vor Frost bietet, ist es hier manchmal nicht ganz einfach, einen Platz zu finden, der hell genug ist, um nach der Keimung den Setzlingen eine gesunde Entwicklung zu ermöglichen.

Setzlinge wenden sich natürlicherweise zur Lichtquelle, man muss die Schalen also regelmäßig drehen oder an einen anderen Ort stellen. Ideal wäre es, wenn wir alle ein kleines Gewächshaus hätten, um einen Teil unserer eigenen Nahrung selbst anzubauen, und vielleicht trifft das eines Tages zumindest für einige Leute zu. Wenn du keinen passenden Ort zur Anzucht von Pflanzen zur Verfügung hast – und wenn du dein Badezimmer nicht mit Setzlingen vollstellen möchtest –, dann ist es auch keine Schande, ein paar junge Pflanzen im Gartencenter zu kaufen, die von jemandem herangezogen wurden, der den nötigen Platz hat. Teurer ist es aber natürlich schon. Salate, die nach dem Pflücken immer wieder nachwachsen, sind aber zum Beispiel oft sehr preiswert.

Setzlinge in den Garten umsetzen

Die Anzucht von Pflanzen in Saatschalen hat noch einen weiteren Vorteil. Kurz bevor sie nach draußen gepflanzt werden, kannst du das Beet, in das sie gesetzt werden sollen, noch einmal mit einem Grubber oder einer Harke auflockern. Dadurch entsteht eine unkrautfreie Fläche für die Setzlinge, die so gegenüber dem Unkraut, das bald wachsen wird, einen Vorsprung haben. Die Chancen deiner Pflänzchen, den Konkurrenzkampf mit den Wildkräutern zu gewinnen, steigen dadurch erheblich.

Wenn du Pflanzen in der Wohnung oder im Gewächshaus vorgezogen hast, solltest du sie erst an die kühleren Temperaturen im Freien gewöhnen, sie also »abhärten«. Fang damit an, indem du an einem einigermaßen warmen Tag deine Saatschalen gleich morgens nach draußen stellst. So können sich die Pflanzen bis zum Einbruch der Nacht, wenn die Temperaturen noch einmal sinken, akklimatisieren. Stell sicher, dass der Bereich, in dem du deine Schalen abstellst, frei von Schnecken ist und kontrolliere ihn beim Dunkelwerden zur Sicherheit noch einmal.

Sobald deine Setzlinge ein paar Tage draußen gewesen sind, sollten sie sich ausreichend an die kühleren Temperaturen gewöhnt haben. Nun ist es möglich, sie aus den Schalen in den Boden zu pflanzen. Wenn dein Beet fertig ist, zieh eine gerade Linie in die Erde. Anders als bei Samen mache ich das normalerweise per Augenmaß, aber manchmal spanne ich dazu auch eine Schnur zwischen zwei in den Boden gesteckte Stöcke.

Grabe nun für die Pflänzchen aus den Saatschalen kleine Löcher (ich benutze dafür eine Pflanzschaufel oder einfach die Hände). Um die Pflanzen aus der unterteilten Saatschale zu bekommen, drücke am besten

vorsichtig von unten und steche mit einem Stift oder Stock durch das Wasserablaufloch, um die Wurzeln zu lockern. Wenn sich die Pflanzen nur sehr schwer aus den Fächern lösen lassen, kann das bedeuten, dass sie noch ein bisschen Zeit zum Wachsen brauchen, damit ihre Wurzelballen ein festes Büschel bilden, das sich sauber herausziehen lässt.

Wenn du deine Pflänzchen aus der Saatschale geholt hast, gib jeweils eins in jedes Loch und sorge beim Festdrücken dafür, dass die Wurzeln direkten Kontakt zu der sie umgebenden Erde haben. Ein Leitfaden, wie groß der Pflanzabstand bei den einzelnen Gemüsesorten sein sollte, findest du in Kapitel 4.

Zum Schluss solltest du deine Pflänzchen vorsichtig wässern, falls nicht der Regen diese Arbeit für dich übernimmt.

Mischkulturen

Wenn man die gleichen Arten zusammenpflanzt, kann man in einem Garten leicht Ordnung halten – trotzdem finde ich es manchmal viel schöner, ein bisschen zu experimentieren. Dafür habe ich einen guten Grund: Pflanzen gemeinsam aufzuziehen, die sich gegenseitig ergänzen, macht es oft unnötig, einen strengen Fruchtfolge-Plan einzuhalten.

Das Ziel, dem ein solcher Plan dient – nämlich nicht Jahr für Jahr die gleichen Nährstoffe zu verbrauchen –, kannst du genauso gut erreichen, indem du für Vielfalt sorgst. Pflanzen zu mischen, führt oft zu hervorragenden Ergebnissen und entspricht dem grundsätzlichen Ziel, ein in sich ausbalanciertes System zu schaffen. Außerdem ist es eine gute Methode, aus einem kleinen Garten das Beste herauszuholen.

Im Jahr 2005 habe ich auf einem kleinen Biohof auf Vancouver Island in Kanada gearbeitet. Hier hat mir

Steven, ein einfühlsamer und erfahrener Biobauer, ein System nahegebracht, das zuerst von den Mayas angewandt wurde und das die Eigenschaften der einen Pflanze einer anderen zugutekommen lässt. Zucchini, Zuckermais und Bohnen betrachtet man in diesem System als »drei Schwestern«. Zuerst pflanzten wir eine bewährte Zucchini-Sorte, die gleichzeitig eine gute Bodenbedeckung gegen Unkraut bildete. Dann pflanzten wir in Abständen Zuckermais zwischen die Zucchini-Pflanzen. Auf der Suche nach dem vielen Sonnenlicht, das er braucht, wuchs der Zuckermais daraufhin hoch über die Zucchini-Blätter hinaus. Schließlich säten wir zu Füßen der jungen, in Saatschalen vorgezogenen Zuckermaispflanzen Kletterbohnen. Nachdem die Bohne gekeimt war und zu wachsen begann, bot ihr der Zuckermais die Stütze, die sie zum Klettern brauchte. Als Hülsenfrucht kam die Bohne dem Boden zugute, indem sie Stickstoff band. Die drei Pflanzen standen also zusammen in einer Beziehung gegenseitigen Nutzens.

Um abzuschätzen, welche Kombinationen funktionieren könnten, wenn du Mischkulturen ausprobieren möchtest, solltest du die spätere Größe, Form, Höhe und Tiefe der Frucht in Betracht ziehen. Pflanzen brauchen Platz zum Wachsen, bedenke deshalb ihre jeweiligen Formen, um zu verhindern, dass sie am Boden oder in der Höhe miteinander konkurrieren müssen.

Manche Pflanzen kultiviert man nicht nur aus Gründen des gegenseitigen Nutzens gemeinsam. So kann zum Beispiel der Geruch der Zwiebel den Standort eines anderen Gemüses vor Feinden wie der Möhrenfliege verbergen.

Eine grundlegende Tabelle von Pflanzen, die man gut zusammen aufziehen kann, findet sich auf Seite 161 im Kapitel *Seitentriebe*.

4
Meine Top 10

In diesem Kapitel möchte ich mich auf 10 Gemüsepflanzen (bzw. Familien) konzentrieren, die bestimmte Eigenschaften gemeinsam haben: Man kann sie mehrmals ernten, sie wachsen schnell und unkompliziert, das Verhältnis von Nährwert und Platzbedarf stimmt, und sie schmecken am besten, wenn sie frisch auf den Tisch kommen.

Ich habe diejenigen Gemüse ausgewählt, mit denen ich selbst gut zurechtgekommen bin, aber natürlich hat jeder seine eigenen Vorlieben.
Werde kreativ! Meine Auswahl soll dir lediglich den Anfang erleichtern.
Hier sind also meine Top 10 für Einsteiger. Je leichter sie anzubauen sind und je weniger Platz sie brauchen, desto höher stehen sie auf der Liste.

1. Winterharte (holzige) Kräuter – Salbei, Rosmarin, Thymian und Majoran
2. Ein- und zweijährige Kräuter – Petersilie, Basilikum, Koriander, Kerbel und Dill
3. Sommersalate – Kopfsalat, Endivie, Chicorée
4. Wintersalate
5. Stielmangold, Blattmangold, Spinat
6. Rote Bete
7. Zucchini und Gurken
8. Tomaten
9. Bohnen – Buschbohnen, Stangenbohnen, Saubohnen
10. Wintergemüse – Kohl und Brokkoli *Purple Sprouting*

1
Winterharte (holzige) Kräuter
Salbei, Rosmarin, Thymian und Majoran

Eine meiner ersten Aufgaben als Gärtnerin war es, auf einem nach Süden gelegenen Feld im Herzen von Somerset die Kräuter zu pflegen. Am Anfang kannte ich mich wenig aus, aber mit der Zeit lernte ich viel über die fast 100 Heil- und Küchenkräuter. All diese Pflanzen sind im Volksglauben tief verankert. So sagt man zum Beispiel dem Salbei nach, dass er jung und schön hält, während der Rosmarin für das Gedenken steht. Weil die Kräuter so intensiv schmecken, reichen in der Küche oft kleine Mengen aus.

Salbei, Rosmarin und Thymian können ziemlich dicht gepflanzt werden, wodurch attraktive und einfach zu bearbeitende Beete entstehen. Lavendel kann auf solchen Flächen eine schöne Ergänzung darstellen. Die berauschenden Gerüche all dieser Kräuter ziehen Bienen an und haben auf unwillkommene Gäste eine abschreckende oder verwirrende Wirkung.

Das Schöne an diesen Kräutern ist, dass man sie auf kleinstem Raum ziehen kann. Wenn die sonstigen

Bedingungen stimmen, kann eine einzelne Pflanze in einem einfachen Blumentopf Jahre überdauern.

Aussaat
Rosmarin kannst du einfach aus Stecklingen ziehen (siehe Seite 48).
Salbei, Thymian und Majoran können ebenfalls aus Stecklingen gezogen werden, ich säe sie lieber in unterteilten Saatkisten aus.
Bedingungen und Zeitpunkt: Aussaat unter einer Abdeckung im frühen Frühjahr.

Umzug ins Freiland
Zeitpunkt: Im Frühjahr, ab Mai.
Pflanzabstände: Rosmarin: 60–90 cm, Salbei 45–60 cm, Thymian und Majoran 25 cm.
Diese und alle weiteren Abstände sind ungefähre Angaben, die auf meinen persönlichen Erfahrungen beruhen.

Ernte
Die vielseitigen, immergrünen Pflanzen bilden immer neue schmackhafte Triebe, wenn man sie im Laufe des Frühlings und Sommers viel pflückt.

Tipps
— Diese holzigen Kräuter mögen mediterranes Klima und fühlen sich deshalb in trockenen, sandigen Böden und sonnigen Lagen wohl.
— Vom Lavendel und verwandten Arten lassen sich wie oben beschrieben sehr gut Stecklinge schneiden.
— Sämtliche holzigen Kräuter sollten nach der Blüte zurückgeschnitten werden.
— Große Rosmarinzweige eignen sich gut als aromatisierte Grillspieße.

Erste Hilfe
- Holzige Kräuter altern und müssen irgendwann ersetzt werden, wenn man zarte Blätter ernten möchte.
- Obwohl sie sich in Töpfen gut entwickeln, kann man sie natürlich auch in den Boden pflanzen. Dann solltest du die Kräuter aber getrennt vom Gemüse anbauen, weil sie mehrere Jahre am gleichen Platz bleiben.
- Diese Kräuter brauchen einen Boden, aus dem das Wasser gut abfließen kann, und dürfen nicht zu viel gegossen werden.
- Obwohl sie winterhart sind, bekommt es ihnen nicht gut, wenn man sie vor dem Frost zurückschneidet.

Seelenverwandte
Rosmarin: Lamm, geröstete Gemüse, weiche Käsesorten, Pasta.
Salbei: Schwein, Risotto.
Thymian: Huhn, Schwein, Bratkartoffeln.
Majoran: Tomaten, Fisch und Fleischsoßen.

DAS KRÄUTERFELD IN MILVERTON

Drei Morgen Heilpflanzen pflegen, ernten und vermehren – so sah mein erster Job als Gärtnerin aus. Ich hatte keinerlei Erfahrung. Das Feld war ein Flickenteppich aus leuchtenden Farben, Bahnen von Blumen auf der roten Erde eines Hangs in Somerset. Hier wurde ich zum ersten Mal mit individuellen Pflanzen vertraut. Ohne viel über sie zu wissen, lernte ich ihre Eigenschaften von der Wurzel bis zur Blüte kennen, einfach, indem ich sie anfasste und von ihrem Geruch umgeben war. Das »Kräuterfeldtagebuch«, ein verworrenes Notizheft voller Fakten, Statistiken und abseitiger Informationen, das meine Vorgänger in den vergangenen Jahren angelegt hatten, wurde mein zuverlässigster Ratgeber.

Es war eine befriedigende Arbeit. Im Sommer, wenn der Ölgehalt der Blüten für die Tinkturen am höchsten war, ernteten die WWOOFER (Freiwillige der Organisation *Weltweite Möglichkeiten auf Biobauernhöfen*) und ich eimerweise Blüten: leuchtende Ringelblumen, schwer duftende Japan-Rosen, und kirschrotes, öliges Johanniskraut. Dann waren da die unzähligen Pflanzen mit ihren heilenden Eigenschaften, bei denen schon ihre Namen auf die besondere Beziehung hinweisen, die die Menschen zu ihnen haben: Beinwell, Helmkraut, Fieberkraut, Augentrost und Frauenmantel.

Dann Malven, Johanniskraut und Sauerampfer, die geschnitten, eingeweicht und getrocknet oder in Tinkturen verarbeitet wurden. Die Namen kenne ich noch immer auswendig: Sonnenhut, Iris, Trauben-Silberkerze, Eisenkraut, Baldrian, Wermut, Eberraute, Goldrute, Arnika, Kamille, Wegerich, Labkraut, Löwenzahn, Weißdorn, Schafgarbe, Ampfer und Nessel. Die geheimnisvollen exotischen Pflanzen und die scheinbar gewöhnlichen Wildkräuter: Plötzlich hatten sie ihre Lebensberechtigung und ihren Wert.

Wenn ich an diese Zeit zurückdenke, sind es die Gerüche, an die ich mich am intensivsten erinnere, sie überwinden die vergangenen Jahre mit Leichtigkeit. Der berauschende Duft der Baldrianwurzel, das klare und kräftige Aroma des Fieberkrauts – unverwechselbare Gerüche, die sich tief in mein Gedächtnis gebrannt haben.

Wir hatten eine alte Tee-Schneidemaschine, die aussah wie aus einer Zeichnung von William Heath Robinson. »Bertha« hatte ein enormes, messerscharfes Schneidrad, das sich mit schönem, teuflischem Sausen drehte. Derjenige, der sie fütterte, stand auf einem Podest und schob ihr mit äußerster Vorsicht Wurzeln, Blätter oder Blüten in den Rachen, damit das Schneidrad bloß nicht die Finger, sondern nur die Pflanzen zerkleinerte!

Wurzeln zu ernten, war am anstrengendsten, vor allem die der Kletten, die sich tief in den Unterboden eingegraben hatten und gegen die man eine wahre Willensschlacht gewinnen musste, bevor sie lockerließen. Nachdem wir sie ausgebuddelt und in einem Zementmischer gereinigt hatten, breiteten wir die Wurzeln auf Trockengestellen aus: glasige Fühler, die in der Sonne gebleicht wurden. Am Ende dieses Sommers waren die Pflanzen mit ihren Eigenschaften so tief in mein Gedächtnis eingezogen, wie ihre Gerüche in meine Handflächen.

2
Ein- und zweijährige Kräuter
Petersilie, Basilikum, Koriander, Kerbel und Dill

Wenn ich nur ein einziges Küchenkraut ziehen könnte, würde ich mich für Petersilie entscheiden. Sie ist köstlich, vielseitig und ertragreich. Und während andere zweijährige Kräuter längst mit der Kälte zu kämpfen haben, wächst sie beinahe das ganze Jahr hindurch weiter.

Koriander sollte man ruhig blühen lassen. Die grünen Samen der folgenden Fruchtstände sind beim Kochen ein köstliches Gewürz und geben dem Essen eine intensive Koriandernote.

Aussaat
In unterteilten Saatkisten.
Bedingungen und Zeitpunkt: Wenn du kontinuierlich ernten möchtest, säe nacheinander im März, Juni und August aus, dann hast du bis in den Winter Kräuter. Die letzte Aussaat sollte am besten im Gewächshaus oder etwas Ähnlichem stattfinden.

Umzug ins Freiland
Zeitpunkt: Nach den letzten Frühjahrsfrösten, wenn die jungen Pflanzen mehr als vier Blätter haben.
Pflanzabstände: Dill und Basilikum sollten mit 28 cm Abstand gepflanzt werden, bzw. in Töpfen, die mindestens 28 cm Durchmesser haben. Bei den anderen reichen 15 cm Abstand.
Pflanze Basilikum nicht nach draußen, weil er dann leicht eingeht.
Besser ist es, ihn im Schutz eines Gewächshauses oder Wintergartens großzuziehen, beziehungsweise auf einer Fensterbank.

Ernte
Von Frühling bis Herbst (Petersilie fast ganzjährig).

Tipps
— Wenn du eine sehr gute Ernte anstrebst, solltest du Kerbel und Koriander etwas später, etwa ab August, unter einer Abdeckung aussäen. Ich habe die Erfahrung gemacht, dass sie, wenn sie früh ausgesät werden, unter der Sommerhitze ins Kraut schießen – das heißt hier: Blüten und Samenwachstum ankurbeln, statt Blätter zu produzieren.
— Kerbel mag es feucht und schattig.
— Diese Kräuter wachsen in Gruppen besonders gut, und zwei bis fünf Samen in ein einziges Saatschalenloch zu geben, funktioniert bestens. Bedenke, dass die Anzahl der Samen, die zusammen ausgesät werden, Einfluss auf die Blattgröße hat.
— Regelmäßiges, wöchentliches Pflücken verlängert die Erntezeit. Wenn du Basilikum erntest, nimm lieber die Seitentriebe als die ausgewachsenen Blätter, das fördert neues Wachstum. Achte aber auch darauf, die Pflanzen nicht zu überpflücken.

— Diese Kräuter können gut in der Nähe von Tomaten gezogen werden, weil ihr Duft Schädlinge abhält.

Erste Hilfe
— Ein- und zweijährige Kräuter geraten bei Hitze oder während des Umtopfens schnell in Stress, was dazu führen kann, dass sie frühzeitig schießen. Wenn dies passiert, solltest du zur Verlängerung der Erntezeit die Blütenköpfe abschneiden.
— Irgendwann müssen diese Kräuter neu ausgesät werden, wenn ihre Blätter zart und frisch sein sollen. (Eine grobe Richtlinie findest du im Gartenkalender im Anhang.)
— Petersilie keimt oft sehr langsam, verlier also nicht den Mut!
— Eine exotische Pflanze wie Basilikum braucht Schutz und Wärme. Sie geht schnell ein, wenn es zu kalt wird. Außerdem mag sie es nicht, wenn sie zu viel Wasser bekommt.

Seelenverwandte
Dill: Fisch, Gurke, Sauerkraut, Essiggurken und andere Sauerkonserven.
Kerbel: Fisch und als Beigabe in grünen Salaten.
Koriander: Möhren, Curry, Kokosmilch, Chili.
Petersilie: Grundnahrungsmittel wie Nudeln, Risotto und Kartoffeln (bei mir kommt sie an fast alle Gerichte).
Basilikum: Tomaten, Fisch, Olivenöl, weiche Käsesorten.

3
Sommersalate
Kopfsalat, Endivie, Chicorée

Salate zu ziehen, ist ganz einfach. Um die gesamte Saison abzudecken, solltest du zu verschiedenen Zeitpunkten im Jahr immer wieder neu aussäen. Auf diese Weise kannst du fast durchgängig Salat ernten.

Aussaat
In unterteilten Saatschalen oder direkt ins Freiland. Vergiss dann aber nicht, die Pflanzen auszudünnen.
Bedingungen und Zeitpunkt:
Kopfsalat: Unter einer Abdeckung vom späten Januar an, dann Mitte März, Ende Mai, im Juli und im September, um die ganze Saison abzudecken.
Endivie und Chicorée: Unter einer Abdeckung von Mai bis Mitte August. Die Aussaat von Anfang bis Mitte Juli bringt die besten Ergebnisse.

Umzug ins Freiland
Zeitpunkt: Von März an.
Pflanzabstände: 25 cm.

Ernte
Kopfsalat: Mai bis Winter (wenn er unter einer Abdeckung gezogen wurde). Die besten Resultate bekommt man aus den im Frühjahr gesäten Samen, die bis Anfang Juli geerntet werden.
Endivie und Chicorée: Am besten sind sie vom Spätsommer bis Anfang Oktober.

Tipps
— Die Lebensdauer eines Kopfsalats kann verlängert werden, wenn man regelmäßig seine äußeren Blätter abpflückt und blühende Triebe ausgeizt. Auf diese Weise kann eine einzige Pflanze dir bis zu drei Monate lang eine reiche Ernte bescheren!
— Im Sommer gibt es viele unterschiedliche Arten von Blattsalaten. Die ergiebigste ist mit Abstand der Kopfsalat.
— Kopfsalat gedeiht am besten im hellen, nicht zu warmen Frühjahr. Ab Mitte Juni sollte es dann reichlich Kopfsalat geben, sodass man ganze Köpfe ernten kann. Selbst danach können aus dem Strunk weiter Blätter austreiben.
— Endivie und Chicorée werden am besten ab Ende Juni ausgesät. Nach der Sommersonnenwende werden Licht und Hitze weniger, sodass die Wahrscheinlichkeit des Schießens sich reduziert und die Salate Blätter ausbilden, anstatt zu blühen.
— Regelmäßiges Ernten fördert die Belüftung zwischen den Pflanzen.

Erste Hilfe
— Wenn es zu heiß ist, keimen die Samen des Kopfsalats nicht. Bei warmem Wetter ist es also besser, die Saatkisten nach draußen zu stellen.
— Kopfsalat schießt, wenn es zu heiß ist. Man sollte ihn

also im Sommer an Stellen pflanzen, die nicht den ganzen Tag dem direkten Sonnenlicht ausgesetzt sind.
— Kopfsalat braucht sehr viel Wasser. In trockenen Sommern kann das regelmäßige Gießen außerdem verhindern, dass Wurzelläuse die Pflanzen töten.
— Schnecken lieben Salat und sind der Hauptschädling. Gieße deshalb wenn möglich morgens, um ihre Aktivitäten einzudämmen. (Auf Seite 110 findest du weitere Ratschläge zum Thema Schnecken.)
— Unter warmen, feuchten Bedingungen kann Schimmel zum Problem werden. Regelmäßiges Ernten fördert die Belüftung zwischen den Pflanzen.

Seelenverwandte
Es gibt kaum ein Gericht, zu dem Kopfsalat nicht passt.
Endivie und Chicorée: Ziegenkäse, Orangen, Schweinefleisch und Fisch.

4
Wintersalate

Kreuzblütler: Rucola, Winterkresse, Grünkohl »Roter Russischer«, Mizuna, Mibuna, Pak Choi, Tatsoi und Senfpflanzen

Andere: Tellerkraut (oder Winterportulak), Feldsalat, Endivie, Chicorée und Radicchio

---

Für Salat ist der August ein Monat des Umbruchs. Sommersalate verschwinden, und die Bedingungen für die pfeffrigen, orientalischen Blätter von Wintersalaten werden immer besser – sie gehören zu meinen Lieblingssalaten.

Von August an solltest du bereit sein, deine Wintersalatsamen auszusäen. Die winterharten und schmackhaften Blätter kannst du von Herbst bis zum Anfang des nächsten Frühjahrs ernten. Natürlich verlangsamt sich das Wachstum, wenn es dunkler wird und die Temperaturen fallen. Aber diese Pflanzen sind echte Überlebenskünstler. Als ich in der von Hugh Fearnley-Whittingstall gegründeten Firma *River Cottage* gearbeitet habe, pflanzten wir sie nach draußen, statt sie in einem Gewächshaus großzuziehen, und wir konnten ihre Blätter den ganzen Herbst lang bis in den frühen Winter hinein pflücken.

Die Blätter schmecken intensiv, bitter und pfeffrig und sind voller Lebensenergie – mitten im Winter geben sie dir genau den Vitaminstoß, den du dann brauchst.

Aussaat
In unterteilten Saatschalen.
Bedingungen und Zeitpunkt: Unter einer Abdeckung von Juli bis September.

Umzug ins Freiland
Zeitpunkt: Am besten abgedeckt in ein Gewächshaus von August an.
Pflanzabstände: 22 cm.

Ernte
Von September an bis ins folgende Frühjahr.

Tipps
— Diese Sorten wachsen sehr gut in Kübeln, die dann über den Winter an einen freigewordenen Platz im Gewächshaus gestellt werden können.
— Um diese Wintersalate gesund und ergiebig zu halten, müssen die größeren, äußeren Blätter regelmäßig gepflückt werden.
— Wenn du die Salate nach draußen pflanzt, biete ihnen mithilfe von Gartenvlies oder Luftpolsterfolie Schutz vor der extremen Winterkälte. Wintersalate sind nur bedingt winterhart und sehr viel ergiebiger, wenn man sie ein wenig vor der Kälte schützt.
— Ab März werden sie stetig weiterwachsen, bis

sie durch das Mehr an Tageslicht das Signal zum Schießen und Blühen bekommen.
— Nach der letzten Ernte solltest du eine Schicht Kompost aufbringen und dann sommerliche Gewächshauspflanzen wie Tomaten oder Gurken an diesen Platz pflanzen.
— Die größeren Blätter von Mizuna, Tatsoi oder die Knollen von Pak Choi schmecken hervorragend, wenn man sie dünstet. Dazu passen sehr gut Ingwer, Knoblauch und Soja.

Erste Hilfe
— Die Blätter von Kreuzblütlern werden von Flohkäfern zerstört, wenn man sie zu früh anbaut. Ich säe sie nie vor Ende Juli aus.
— Ich säe die meisten Kreuzblütler gegen Anfang September aus; ins Gewächshaus kommen sie, wenn meine Tomaten und mein Sommergemüse abgeerntet sind.
— Das Wachstum verlangsamt sich von November bis März, und auch die Qualität der produzierten Blätter nimmt ab.
— Idealerweise solltest du vier Jahre warten, bis du in denselben Boden wieder Kreuzblütler pflanzt, damit sich keine Krankheiten ausbreiten können.

Seelenverwandte
Rucola und Winterkresse: Pizza, Pasta, Olivenöl, Salz, Aufschnitt, die meisten Käsesorten.
Mizuna, Mibuna, Pak Choi und Tatsoi: Soßen, Nudelsuppen, helles Fleisch.
Alle diese Blätter passen hervorragend zusammen: roh, in Salaten mit Dressing.

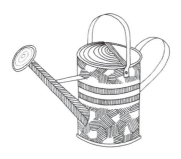

5
Stielmangold, Blattmangold und Spinat

Diese Pflanzen sind wunderbar, weil ihre Erntezeit sehr lang ist. Wenn man eine kontinuierliche und reichliche Versorgung mit leckerem Gemüse anstrebt, ist Stielmangold eine der wertvollsten Pflanzen, die man anbauen kann.

Blattmangold hat mehr Gemeinsamkeiten mit dem Stielmangold als mit dem Spinat. Vom Geschmack her kann der Blattmangold den Spinat gut ersetzen, besonders im gekochten Zustand. Er ist außerdem sehr viel einfacher zu ziehen, weil er weniger zart ist und nicht ganz so schnell schießt.

Wenn es draußen kälter wird, verlangsamt sich das Wachstum, und irgendwann sterben die Wurzeln ab. Ich habe aber auch schon erlebt, dass diese Pflanzen den Winter überstehen und sich im frühen Frühjahr noch einmal ein bis zwei Monate lang ernten lassen. Das Pflanzenwachstum fängt wieder an, sobald die Bodentemperatur steigt.

Spinat wächst im Frühjahr und am Anfang des Sommers sehr schnell. Seine Blätter sind zarter und weniger säurehaltig als die des Blatt- und Stielmangold, sodass sich auch größere Blätter als Salat verwenden lassen. Trotzdem sind die jüngeren Blätter häufig die besten, besonders um sie roh in Salaten zu essen. Sie sind nicht nur schöner, sondern auch zarter und schmackhafter. Spinat ist von den drei Pflanzen die empfindlichste und am schwierigsten anzubauen.

Aussaat
In unterteilten Saatschalen. Direktsaat ist ebenfalls möglich.

Bedingungen und Zeitpunkt
Stiel- und Blattmangold: Unter einer Abdeckung von März an. Dann wieder im Juni und August aussäen, um die gesamte Saison abzudecken.

Spinat: Unter einer Abdeckung von Februar an. Dann wieder im April und von Juli bis Mitte August aussäen. (Aussaat im Mai und Juni sollte man vermeiden, weil die Setzlinge sehr hitzeempfindlich sind und mit großer Wahrscheinlichkeit schießen werden.)

Umzug ins Freiland
Zeitpunkt: Von März bis Oktober.
Pflanzabstände: Für kleine Spinatblätter, die sich als Salat eignen: 10 cm, große Pflanzen: 28 cm.

Ernte
April bis Oktober (abgedeckt auch länger).

Tipps
— Die Märzaussaat wird ab Juni anfangen zu blühen. Ersetze sie durch frische Pflänzchen, die du im Mai in Saatschalen ausgesät hast. Du kannst auch die Blüten abpflücken, aber die Blätter der neuen Pflanzen lassen sich besser essen, weil sie zarter sind.

- Wenn es dir eher auf kleine Blätter für Salat ankommt, kannst du bei allen drei Pflanzen bis zu vier Samen in jedes Loch der Saatschale legen und die Pflanzen mit geringerem Abstand aufziehen.
- Stielmangold kann Frost den ganzen Winter lang überstehen und dich bis in den folgenden Mai mit wertvollem Gemüse versorgen. Es ist also möglich, bis in den September hinein zu säen.
- Sobald die Pflanzen anfangen, Blüten zu treiben, kann man das Blattwachstum trotzdem weiter fördern, indem man blühende Triebe ausgeizt.
- Wenn du die Wurzeln feucht hältst und regelmäßig die Blätter pflückst, kannst du den Einsatz der Samenproduktion verzögern.
- Pflücke die jungen Blätter mit der Hand oder einem Messer. Achte darauf, die kleinsten neuen Blätter am Stamm stehen zu lassen, damit die Pflanze nachwachsen kann. Wenn du mit der Hand pflückst wachsen die Blätter schneller nach.
- Die August-Aussaat von Spinat kann für wunderbare Wintersalatblätter sorgen. Es kommt aber ein bisschen darauf an, wie kalt der Boden wird.

Erste Hilfe
- Die zarteren Blätter werden gern von Schnecken, Vögeln und sogar Asseln gefressen. Vergrößere die Überlebenschancen deiner Pflanzen, indem du ihr Leben zwischen den geschützten Wänden einer Saatschale beginnen lässt.
- Spinat ist hitzeempfindlicher und tendiert dazu, zu schießen. Dadurch ist die Erntephase kürzer, und die besten Ergebnisse hat man, wenn es nicht zu heiß ist.

Seelenverwandte
Butter, Knoblauch, Puylinsen, Olivenöl, Salz

6
Rote Bete

Rote Bete ist leicht anzubauen, hat eine lange Erntephase und ein süßes, erdiges Aroma. Sie ist reich an Vitamin A und schmeckt klein am besten – wenn sie etwa so groß ist wie ein Golfball. Wenn man Rote Bete vor dem Kochen kleinschneidet, verliert sie viel von ihrem edlen Geschmack, während es ihre Süße unterstreicht, wenn man sie im Ganzen brät. Aus kleinen Rote Bete-Blättern kann man einen hübschen Salat machen. Die größeren Blätter lassen sich wie Spinat kochen.

In den meisten Läden findet man nur die traditionelle dunkelviolette Sorte, obwohl in Wirklichkeit eine ganze, bonbonfarbene Palette von Sorten zu haben ist: gold, rubinrot, und die allerschönste Sorte: *Tonda di Chioggia*. Sie ist zart pink-weiß geringelt, wobei jede Schicht für einen Mondmonat ihres frühen Wachstums steht.

Wie die meisten Knollengemüse kann Rote Bete nach der Ernte viele Monate lang aufgehoben werden. Früher wurden die Knollen in eine Kiste voll Stroh gepackt und in den Keller gestellt. Auch an anderen, ähnlich dunklen und kühlen Stellen kann Rote Bete lange halten. Am einfachsten ist es aber, sie bis zum Beginn der schweren Fröste im Boden zu lassen.

Aussaat
In unterteilten Saatschalen (ein Samen pro Loch). Auch Direktsaat ist möglich.
Bedingungen und Zeitpunkt: Unter einer Abdeckung von März bis Anfang Juli. Dann noch einmal im Mai und Anfang Juli.

Umzug ins Freiland
Zeitpunkt: Alle paar Wochen zwischen April und Juli, damit man kontinuierlich ernten kann.
Pflanzabstände: 8 cm.

Ernte
Von Juli bis Februar – abhängig von den Aussaatzeiten.

Tipps
— Ich ziehe Rote Bete in Saatschalen vor (ein Samen pro Loch) und pflanze sie ab April mit ca. 8 cm Abstand in Reihen nach draußen. Durch den gleichen Abstand werden auch die Wurzeln ungefähr gleich groß werden.
— Bei der Direktsaat beeinflusst der Abstand zwischen den Pflanzen ihre Größe, aber man kann sie beim Ernten etwas ausdünnen.
— Wenn du noch einmal im Juli aussäst, kannst du ein paar Pflanzen über den Winter stehen lassen, die dann im Frühjahr frisch austreiben werden.

Erste Hilfe
— Rote Bete hat die Tendenz zu schießen, Samen zu bilden und ungenießbar zu werden. Versuch es mit

Sorten, die nicht so leicht schießen, wie zum Beispiel *Bolttardy*.
— Die Blätter werden oft von Vögeln abgezupft, während die Wurzeln robust genug sind, solche Angriffe zu überstehen. Wenn du schlimmen Ärger mit Vögeln hast, solltest du die Rote Bete mit Netzen abdecken oder Vogelscheuchen aufstellen.

Seelenverwandte
Kreuzkümmel, Crème fraîche, Balsamico-Essig, Joghurt.

7
Zucchini und Gurken

Zucchini

Ich liebe Zucchini-Pflanzen. Mit ihren großen Gauguin-artigen Blättern sind sie eine gute Abdeckung gegen Unkraut, und sie lassen sich einfach und schnell anbauen. Die Sorte von Problemen, die sie tatsächlich machen, gefällt mir allerdings gut: Man muss es hinkriegen, sie alle aufzuessen.

Ich baue immer ein paar unterschiedliche Sorten an: gelbe, gestreifte und die traditionellen mit der glatten, dunkelgrünen Schale. Zucchini-Pflanzen können ziemlich viel Raum einnehmen, aber sie lohnen sich wirklich!

Probiere die Frucht in verschiedenen Größen. Ihre Konsistenz ist fester, wenn sie noch klein sind. Wenn sie spät gepflückt werden, werden sie sehr groß und können wie Kürbisse gekocht, gefüllt oder mit Ingwer zu Marmelade oder Chutney verarbeitet werden.

Zucchini bringen, wie alle Kürbisgewächse, wundervolle, essbare Blüten hervor. Zart und schön wie sie sind, gehen sie bei der kleinsten Berührung ein, weshalb man sie so gut wie nie im Laden findet. Sie würden das Supermarktsystem schlicht und einfach nicht überleben. Zucchiniblüten kann man gut zum Füllen benutzen, oder man frittiert sie oder zupft sie wegen ihrer schönen Farbe und ihres feinen Aromas in Salate.

Aussaat
Säe in Töpfen aus, die ca. 30 cm Durchmesser haben (oder groß genug für mindestens zwei Hand voll Blumentopferde sind).
Bedingungen und Zeitpunkt: Unter einer Abdeckung von April bis Anfang Juni.

Umzug ins Freiland
Zeitpunkt: Von Mitte Mai an.
Pflanzabstände: ca. 70 cm.

Ernte
Juni bis Anfang Oktober.

Tipps
— Säe die Samen so aus, dass sie senkrecht in der Erde stecken. Dadurch sinkt die Wahrscheinlichkeit, dass sie vor dem Keimen verfaulen.
— Wenn die Pflanzen schon im Mai nach draußen gepflanzt werden, kann die Abdeckung mit Gartenvlies sinnvoll sein, besonders, wenn es noch ungewöhnlich kalt ist.

Erste Hilfe
— Ab August können die Blätter Schimmel ansetzen. Mach dir deshalb keine Sorgen, denn die Fruchtproduktion wird davon nicht beeinträchtigt. Wenn der Schimmelbefall sehr stark ist, kannst du die betroffenen Blätter einfach abschneiden.

— Obwohl Zucchini winterhart sind, mögen diese exotischen Pflanzen die Kälte nicht. Die Produktion verlangsamt sich, und nach den ersten Herbstfrösten sterben sie ab. Lass die Pflanzen als Bodenbedeckung in der Erde – über den Winter werden sie sich zersetzen.
— Sobald ich die Zucchini nach draußen gepflanzt habe, säe ich eine Gründüngung aus, zum Beispiel Weißklee oder Rotklee, siehe Seite 161. Verstreu den Samen einfach auf der Fläche, gieße alles gut und klopf die Erde fest.

Seelenverwandte
Olivenöl, Salz, Pfeffer, Ziegenkäse, Basilikum und Knoblauch.

Gurken

Gurken gehören zur selben Familie wie Zucchini, weshalb sie auf ähnliche Weise angebaut werden. Wie Zucchini sind sie exotische Pflanzen, die zum Aufgehen und Überleben Wärme brauchen. Sie mögen feuchte, geschützte Bedingungen und entwickeln sich unter einer Abdeckung am besten, idealerweise in einem Gewächshaus. Wenn das nicht möglich ist, achte darauf, Freilandsorten zu nehmen.

Gurken sind sehr fruchtbar: Aus ein paar Pflanzen wachsen große Mengen von Früchten. Wenn sie frisch gegessen werden, eignen sie sich gut als Quelle von Vitamin C und wichtigen Mineralstoffen. Eingelegte Gurken sind unglaublich schmackhaft und vielseitig und passen zu Käse, Fleisch und Fisch (siehe Rezept auf Seite 130).

Tipps

- Die Früchte bestehen zu einem großen Teil aus Wasser und brauchen deshalb viel davon, während sie wachsen! Gib ihnen im Laufe der Saison zunehmend mehr Wasser.
- Kletternde Sorten können stark in die Höhe wachsen und brauchen zur Unterstützung Stöcke oder Schnüre. Wenn sie oben angekommen sind, kann man sie wieder nach unten leiten.
- Versuche beim Samenkauf reinweibliche F1 Hybrid-Sorten für das Gewächshaus zu bekommen – diese bringen die beständigsten Erträge.
- Überprüfe, ob alle von dir ausgesuchten Sorten weiblich sind. Falls nicht, entferne alle männlichen Blüten (also die ohne Früchte), denn wenn weibliche Blüten bestäubt worden sind, schmecken ihre Früchte bitter.
- Gurkenstile sind spröde und können leicht abbrechen.
- Sei beim Pflücken der Früchte besonders vorsichtig, damit die Pflanze nicht verletzt wird. Ich nehme am liebsten ein Messer.
- Wenn Gurken zu groß werden, werden sie zäh. Sie können jedoch weiterhin geschält und eingelegt werden.
- Freilandgurken haben eine festere, unregelmäßigere Schale und schmecken eingelegt ebenfalls sehr gut.
- Dill ist ein guter Beetnachbar, denn er hält die Spinnmilben ab, von denen Gurken oft befallen werden.

Erste Hilfe

- Kleine Gurken sind sehr anfällig für Schnecken, aber wenn sie am Anfang unter einer Abdeckung gezogen werden, sollten sie genug Schutz haben.
- Im Spätsommer werden die Unterseiten größerer

Blätter oft von Schimmel befallen. Wenn du diese Blätter entfernst, werden die Pflanzen normalerweise weiter Früchte tragen.
— Gehackte Beinwellblätter, die man ein paar Wochen in Wasser stehen lässt, ergeben einen kaliumreichen Sud, den man verdünnen und über die Pflanzen gießen kann, um ihr Wachstum anzuregen.
— Wenn sich die unteren Blätter gelb verfärben und von kleinen Spinnweben bedeckt sind, ist das ein Anzeichen für Spinnmilbenbefall. Falls die Spinnmilben sich festgesetzt haben, kauf am besten Phytoseiulus (eine Raubmilbe, die sich von Spinnmilben ernährt).
— Unter Gurken wie unter alle anderen Kürbisgewächse können Weißklee oder Rotklee gesät werden, siehe Seite 161.

Seelenverwandte
Dill, Salz, Pfeffer, Olivenöl, Feta, Essig, Joghurt, Minze.

8
Tomaten

An einem frostigen Februarmorgen legte ich ein paar goldene Samen in Erde und stellte alles in mein kleines Badezimmer. Wir sollten nun monatelang diesen Lebensraum miteinander teilen. Erst im späten Juli konnte ich die Früchte meiner Arbeit genießen, doch für diesen ersten Bissen hatten sich die Monate geduldigen Wartens gelohnt.

Tomaten brauchen viel Pflege, aber im Gegenzug wird man für seine Anstrengungen auf wunderbare Weise entschädigt. Eine sonnenwarme Tomate, der Geruch der Blätter, der grünlich-schwarze Pflanzensaft, der beim Beschneiden Spuren an den Fingern hinterlässt, die Befriedigung beim Ausgeizen von jungen Seitentrieben, die aus dem Nirgendwo zu kommen scheinen: Ich mag den ganzen Prozess, bis hin zur Bergung der letzten grünen Tomate und – mit einigem Widerwillen – dem Herausreißen der Pflanzen, damit Platz für Wintersalate entsteht.

Es gibt Kletter-, Busch- und Zwergsorten. Die allerköstlichsten Sorten werden wegen ihrer geringen Ergiebigkeit oder ihrer Empfindlichkeit häufig nicht gewerblich angebaut. Wenn du dagegen Tomaten zu Hause anbaust, kannst du viel mehr experimentieren.

Aussaat
In unterteilten Saatkisten.
Bedingungen und Zeitpunkt: Unter einer Abdeckung von Februar bis März.

Umzug ins Freiland
Nach vier bis fünf Wochen, wenn die Pflanzen ungefähr vier Blätter haben und bevor die Stämme lang und wackelig werden, können sie vorsichtig in Behälter von ca. 10 cm Durchmesser umgetopft werden. Wenn die Pflänzchen etwa 20 cm hoch sind und ein paar Blüten sich zu öffnen beginnen, pflanze sie an einen geschützten, sonnigen Ort.
Zeitpunkt: April bis Juni.
Pflanzabstände: ca. 55 cm.

Ernte
Juli bis Oktober.

Tipps
— Tomaten sind exotische Pflanzen aus Südamerika, sie mögen keine Kälte. Säe die Samen im späten Winter bei einer milden Temperatur von ca. 20 Grad aus. Normalerweise bieten Häuser diese Wärme kontinuierlich, es sollte allerdings auch hell genug sein.
— Tomaten wachsen am Anfang sehr langsam. Sei geduldig.
— Lass beim Umtopfen zwischen den untersten Blättern und der Erde ca. 5 mm Stamm stehen. Der Rest des Stamms darf unter der Erde sein, denn Tomaten mögen es, wenn man sie tief pflanzt.

- Sorge besonders bei Spaliersorten für Abstützung. Dafür eignen sich zum Beispiel Stöcke. Wenn man etwas hat, woran man sie binden kann, wickelt man eine feste Schnur als Schlinge um die Unterseite oder vergräbt sie beim Einpflanzen unter dem Wurzelballen. Binde das obere Ende der Schnur an deine Halterung, zum Beispiel einen Draht oder die Stange eines Folientunnels. Während die Pflanzen wachsen, können sie um die Schnur gewickelt oder an die Stöcke gebunden und auf diese Weise vorsichtig in die Höhe geleitet werden.
- Zwischen dem Stamm und den Hauptblättern bilden sich die ganze Saison über Seitentriebe. Knipse diese vorsichtig ab. Das Gleiche gilt für alle Triebe, die am Ende einer Rispe (eines fruchttragenden Zweiges) auftauchen. Diese Triebe verbrauchen wertvolle Energie und verlangsamen die Fruchtbildung. Außerdem führen sie zu mehr Schatten und verhindern die Luftzirkulation, was wiederum die Wahrscheinlichkeit von Krankheiten erhöht.
- Bei Freilandtomaten solltest du die Spitzen abschneiden, sobald sie mindestens sechs Rispen ausgebildet haben. Auf diese Weise wird wertvolle Energie für die Früchte gespart. Ich neige außerdem dazu, die niedrigste Blütenrispe zu entfernen, weil sie sonst Schnecken anlockt oder durch das Hängen auf den Boden ohnehin kaputtgeht. Du kannst auch zusätzliche Blätter entfernen, denk aber daran, ein Gleichgewicht herzustellen: Die Tomaten brauchen genügend Blätter für die Fotosynthese, gleichzeitig müssen ausreichend Sonne und Luft an die Pflanze kommen. Du kannst ruhig ein bisschen herumprobieren, denn Tomatenpflanzen vertragen rigoroses Beschneiden recht gut.
- Der Schlüssel zum Erfolg ist der Boden. Verteile kurz vor oder nach dem Bepflanzen eine Lage

Kompost oder gut verrotteten Dung auf dem Beet. Tomaten brauchen einen fruchtbaren Boden, der die Feuchtigkeit gut hält.
- Seetang oder Beinwell-Tee sind eine zusätzliche Kalium-Quelle für die Pflanzen. Ich ziehe auf einem Beet Beinwell, den ich dann in einem Eimer mit Regenwasser verrotten lasse, bevor ich ihn verdünne und damit jede Pflanze an der Unterseite gieße. Wenn man viel Kompost nimmt, kann man vermeiden, dass die Tomaten zusätzliche Nahrung brauchen.
- Wenn du sehr wenig gießt, wird das die Ergiebigkeit reduzieren, aber den Geschmack intensivieren. Wenn du sehr viel gießt, kann das zum Aufplatzen der Tomaten führen. Versuche, das rechte Maß zu finden.
- Beim ersten Frost solltest du sämtliche unreifen Tomaten pflücken und sie auf eine sonnige Fensterbank oder in einen verschlossenen Plastikbehälter legen. Das Ethylen, das sie abgeben, hilft ihnen beim Reifen.
- Wenn du deine Tomaten nicht in einem Gewächshaus ziehst, solltest du dich für Freilandtomaten entscheiden und ihnen den wärmsten, geschütztesten Platz geben, den du hast. Eine nach Süden zeigende Mauer ist ideal. Benutze, wenn nötig, Reifehauben, denn ohne Wärme geht es nicht.
- Wenn der Herbst kommt, reduzieren sich Helligkeit und Wärme. Um die Pflanzen darin zu unterstützen, die schwindenden Ressourcen optimal zu nutzen, schneide am besten die Spitzen ab. Außerdem solltest du weniger gießen.
- Unter die Tomaten kann man Weißklee oder Rotklee säen, siehe Seite 161.

Erste Hilfe
— Kraut- und Braunfäule, die auch Kartoffeln befällt, ist für Tomaten die größte Gefahr. Es handelt sich dabei um eine durch die Luft übertragene Pilzkrankheit, die sich besonders unter warmen und feuchten Bedingungen ausbreitet. Auf Blättern und Früchten entwickeln sich braune Stellen. Achte darauf, die Pflanzen nur an den Wurzeln zu gießen, damit die Blätter nicht nass werden. Die Kraut- und Braunfäule bleibt in der Erde, weshalb befallene Pflanzen nicht kompostiert werden dürfen. Pflanze die Tomaten der neuen Saison an einen anderen Platz.
— Wenn du deine Tomaten zusammen mit Tagetes (Studentenblume) aufziehst, kann das Mottenläuse abschrecken, die den Geruch hassen, siehe Seite 161. Auch Basilikum hält Blattläuse von deinem kostbaren Erntegewinn fern.

Seelenverwandte
Olivenöl, Basilikum, weiche Käsesorten, Salbei, Estragon, Oliven, Balsamico-Essig, Salz und Pfeffer.

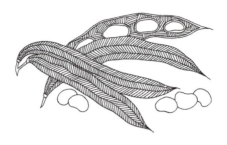

9
Bohnen
Buschbohnen, Stangenbohnen, Saubohnen

Buschbohnen und Stangenbohnen

Buschbohnen und Stangenbohnen werden auf ähnliche Weise angebaut. Obwohl Stangenbohnen etwas robuster sind, würde ich Buschbohnen nehmen, wenn ich mich für eine einzige Sorte entscheiden müsste. Sie wachsen schnell, tragen reichlich und schmecken köstlich.

Zusätzlich zu den althergebrachten Sorten kann man inzwischen violette und gelbe bekommen, die genauso gut schmecken. Wenn man dem Kochwasser etwas Zucker beigibt, behalten die violetten Bohnen ihre leuchtende Farbe.

Alle Bohnen schmecken am besten, wenn sie jung sind: Sobald sie beim Biegen brechen, können sie geerntet werden. Beim Pflücken von Buschbohnen und Stangenbohnen musst du vorsichtig vorgehen, damit die Pflanzen nicht beschädigt werden – denn nicht immer geben sie ihre Früchte gern her.

Wenn du wenig Platz hast, solltest du das Höhenwachstum von Busch- und Stangenbohnen ausnutzen, indem du den freien Platz auf dem Boden nutzt, um andere Gemüsesorten anzupflanzen (siehe Nachbarpflanzen Seite 161). Ich habe hier schon mit Zucchini, Zuckermais, Zwiebeln und Karotten experimentiert. Zucchini funktionieren besonders gut, weil sie niedrig wachsen und auch im Halbschatten der Bohnen noch zu blühen beginnen. Außerdem verhindern solche Mischkulturen das Unkrautwachstum auf dem Boden. Behalte beim Zusammenstellen von Gemüsesorten unbedingt deren körperliche Ausbreitung im Kopf, also ihre Tiefe, ihre Höhe und ihren Blattwuchs.

Beim Auspflanzen solltest du daran denken, dass Bohnen die Sonne lieben, dass aber die höherwachsenden Sorten gleichzeitig einen geschützten Platz brauchen, damit sie nicht vom Wind umgeweht werden.

Am Ende der Saison kannst du, wenn du Samen aufheben möchtest, einige Bohnen an der Pflanze lassen, während sie abstirbt. Entferne dann die Hülsen und lagere die Samen bis zum nächsten Jahr an einem kühlen, trockenen Ort.

Aussaat
In Töpfen von 10 cm Durchmesser.
Bedingungen und Zeitpunkt: Unter einer Abdeckung von März bis Juli. Alle 6 Wochen weitere Aussaaten, um die gesamte Saison abzudecken.

Umzug ins Freiland
Einen Monat nach der Aussaat, wenn die Pflanzen ein paar Zentimeter hoch sind. Warte bis zum Ende der letzten Fröste.
Zeitpunkt: Von Mai bis Juni (etwas eher, wenn sie abgedeckt und vor Frost geschützt sind).

Pflanzabstände: ca. 20 cm, größere Abstände, falls du zeltartige Rankhilfen benutzt.

Ernte
Von Mitte Juni bis Oktober, je nachdem, wann gesät wurde.

Tipps
— Kletternde Bohnen müssen durch Stöcke oder Schnüre abgestützt werden. Als leicht zu bauende, stabile und attraktive Möglichkeit bieten sich dreieckige Zelt-Konstruktionen an.
— Wenn du prüfen möchtest, ob die Bohnen reif sind, biege sie in der Mitte durch. Wenn sie noch nicht gepflückt werden wollen, werden sie nicht brechen.
— Je öfter man Bohnen erntet, desto mehr tragen sie.
— Die Blüten sind ebenfalls essbar!
— Stangenbohnen können auf die gleiche Weise gezogen werden wie Buschbohnen. Anders als selbstbestäubende Bohnen müssen sie aber fremdbestäubt werden. Pflanze sie an einen geschützten Platz, damit ihre Blüten die Bienen anlocken und sie nicht umgeweht werden können.
— Für neue Samen im kommenden Jahr kannst du einige Bohnen auf Papier trocknen.
— Stangenbohnen und Saubohnen sind robuster als Buschbohnen, lassen sich also besser draußen ziehen.

Erste Hilfe
— Solange die Bohnen noch jung sind, werden sich die Schnecken auf sie stürzen. (siehe die Ratschläge zum Umgang mit Schnecken auf Seite 110).
Wenn man sie anfangs unter einer Abdeckung zieht, kann man sie in ihrer verletzlichsten Phase besser schützen.

- Bohnen werden häufig von Blattläusen angegriffen, die die jungen Hülsen lieben, außerdem von der schwarzen Bohnenblattlaus. Das kann man verhindern, indem man in der Nähe Kapuzinerkresse oder Tagetes (Studentenblume) pflanzt. Diese Nachbarpflanzen ziehen Marienkäfer an, die ihrerseits Blattläuse, Florfliegen und Schwebfliegen fressen. Außerdem sorgen sie für Artenvielfalt: eine Voraussetzung für ein gesundes Gleichgewicht in der Natur.
- Decke die Bohnen in plötzlichen Frostperioden mit Gartenvlies ab.
- Bohnenrost (Flecken auf den Blättern) wird oft schon in den Samen getragen, aber der Schaden ist hauptsächlich kosmetischer Art.
- Wenn Bohnen nicht regelmäßig geerntet werden, können sie zäh werden.

Seelenverwandte
Siehe Seite 97.

Saubohnen

In Norwegen werden die in Hülle und Fülle vorhandenen Saubohnen im Winter getrocknet und zu einer einfachen Paste verarbeitet. Die kleineren Sorten findet man in Läden kaum. Sie kosten zwar etwas mehr Arbeit und sind weniger ergiebig, aber sie schmecken auf einzigartige Weise nach Frühling. Übrigens sind die abgeknipsten Spitzen gedünstet eine Delikatesse.

Aussaat
In Töpfen von ca. 10 cm Durchmesser. Auch Direktsaat ist möglich.
Bedingungen und Zeitpunkt: Direktsaat Mitte November, unter einer Abdeckung vom späten Februar bis in den Mai. Für eine durchgängige Ernte alle drei Wochen nachsäen.

Umzug ins Freiland
Zeitpunkt: April bis Juni.
Pflanzabstände: 20 cm in Reihen mit 60 cm Abstand.

Ernte
April bis September
Anmerkung: *Wenn du deine Saubohnen etwas früher ernten möchtest, also ungefähr im April, solltest du schon im November aussäen. Wenn die Bohnen über den Winter im Boden sind, können sie aber natürlich eher verfaulen oder von Vögeln oder Mäusen gefressen werden.*

Tipps
— Sobald die ersten Schoten erscheinen und die Blüten anfangen zu welken, solltest du die Spitzen der Haupttriebe einige Zentimeter kürzen. Auf diese Weise kann die Pflanze ihre Energie in die Ausbildung neuer Schoten stecken.

— Ziehe beim Ernten die Bohnen nach unten, weg vom Stamm.
— Als Mitglieder der Familie der Hülsenfrüchte können Bohnenpflanzen Stickstoff im Boden binden. Wenn du die Pflanzen entfernst, nachdem sie aufgehört haben zu tragen, solltest du die Wurzeln im Boden lassen, wo sie weiter zu seiner Fruchtbarkeit beitragen werden.

Erste Hilfe
— Die Schokoladenfleckenkrankheit äußert sich in Flecken oder Löchern im Blatt, aber dieser Schaden ist hauptsächlich kosmetischer Art. Durch Enge oder Trockenheit geraten die Pflanzen unter Stress und sind dadurch anfälliger für Krankheiten.
— Auch Saubohnen können von der Schwarzen Bohnenblattlaus befallen werden. Wenn man sie früh genug entdeckt, kann man sie abwischen. Größere Attacken bekämpfe ich, indem ich die Pflanzen einfach mit einem Gartenschlauch abspritze. Eine andere Möglichkeit ist es, die Spitzen der Pflanzen abzuschneiden, sobald sie geblüht haben. Das schadet den Pflanzen nicht und bringt die Schwarze Bohnenblattlaus um ihren bevorzugten Lebensraum. Der Befall mit diesem Schädling ist häufig ein Anzeichen für Stress, der durch Trockenheit oder mangelnde Fruchtbarkeit des Bodens ausgelöst wird. Gieße also häufig und achte darauf, dass der Boden mit reichlich Kompost versorgt ist. Die Samen schon im Herbst auszusäen, kann ebenfalls helfen.

Seelenverwandte für Buschbohnen, Stangenbohnen und Saubohnen
Zitronensaft, Olivenöl, Petersilie, Knoblauch, Salz, Schweinefleisch.

10
Wintergemüse
Kohl und Brokkoli
Purple Sprouting

Kein Gemüse ist glatter als Cavolo Nero, der auch Palmkohl genannt wird. Vor uns, auf dem Gemüsefeld von Coleshill, erstreckten sich die Kohlpflanzen in langen Reihen wie wunderschöne Statuen: glitzernde Könige des Morgenfrosts. Kohl lässt sich einfach anbauen, verträgt Frost und ist in vielen Sorten, Geschmacksrichtungen, Formen und Farben zu haben.

Brokkoli *Purple Sprouting* ist das leckerste Gemüse der Welt. Ich lernte diese Sorte erst kennen, nachdem ich angefangen hatte auf Biohöfen zu arbeiten, und auf den Feldern erntete ich ihn reihenweise.

Inzwischen kann man diesen Brokkoli auch im Supermarkt kaufen, aber ich finde, dass er an Geschmack verliert, wenn er nicht frisch gegessen wird. Schon deshalb ist er ein guter Kandidat für den Eigenanbau.

Er ist extrem lecker, wenn man ihn einfach nur kocht, aber zusammen mit Sauce Hollandaise schmeckt er einfach unglaublich.

Aussaat
In unterteilten Saatschalen.
Bedingungen und Zeitpunkt: Unter einer Abdeckung Mitte Juni bis Anfang Juli.

Umzug ins Freiland:
Zeitpunkt: Je nach Sorte Ende Juli bis Ende August.
Pflanzabstände: ca. 50 cm.

Ernte
Kohl: Von September bis April.
Brokkoli Purple Sprouting: Von November bis Mai.

Tipps – Kohl
— Kohl kann schon vor dem empfohlenen Termin ausgesät werden, achte aber darauf, dass sich dann keine Raupen darüber hermachen. Ich pflanze meinen Kohl ungefähr Mitte August nach draußen.
— Die Blätter kommen am besten nach dem ersten Frost auf den Tisch, denn dann sind sie besonders zart.
— Grüne Kohlsorten sind normalerweise ergiebiger, während rote Sorten weniger von Schädlingen befallen werden.

Tipps – Brokkoli *Purple Sprouting*
— Es gibt frühe, mittlere und späte Sorten. Versuche, die ganze Bandbreite anzubauen, damit die gesamte Saison abgedeckt ist.

Erste Hilfe
— Herbstraupen und Vögel bereiten manchmal Probleme, weil sie in dieser Jahreszeit wenig andere Nahrung finden. Raupen können einfach mit der Hand abgesammelt werden, aber für die ganz jun-

gen Pflanzen ist ein über Stöcke gebreitetes Netz der bessere Schutz.

Seelenverwandte
Kohl: Schweinefleisch, Butter, Rosmarin, Sardellen und Knoblauch.
Brokkoli: Butter, Sauce Hollandaise.

COLESHILL

Wie ein besonders hoffnungsvoller Neuanfang fühlte sich die Ankunft am Busbahnhof von Swindon nicht gerade an. Aber nachdem mein neuer Gartenmentor Pete mich abgeholt hatte, kam ich nach Coleshill, in ein kleines Dorf zwischen dem Vale of the White Horse und den Cotswolds. Schon an meinem ersten Abend lernte ich einen Großteil der Dorfbewohner bei einem Drink im örtlichen Pub kennen.

Der Biohof Coleshill bestand aus einem sechs Morgen großen, von einer Mauer umgebenen Garten, einem 23 Morgen großen Acker, neun Folientunneln und einem Team von Gärtnern: Pete, Sonia, Anthony, sowie Will Johnson und mir als junge Auszubildende.

Ich fragte Will, was ihm die zwei Jahre, die wir dort verbracht haben, heute bedeuten, und seine Aussage spiegelt ziemlich genau meine eigenen Gefühle wider: »Ich kann nicht behaupten, dass ich in irgendeinem feierlichen Moment der Klarheit beschlossen habe, Gemüsebauer zu werden. Ich war gerade 24 Jahre alt, und nachdem ich die letzten eineinhalb Jahre als Freiwilliger oder als WWOOFER auf irgendwelchen Höfen zugebracht hatte, fand ich, dass ich ebenso gut einen bezahlten Job in diesem Bereich annehmen könne. Die einzige Stellenanzeige, die ich fand, war in der Nähe von Swindon (ich hatte immerhin von der dortigen Fußballmannschaft gehört). Wenige Wochen später zog ich in einen Bauwagen auf dem Grundstück des Coleshill National Trust Estate.

In Coleshill betrieb ich im wahrsten Sinne des Wortes *learning by doing*. Die körperliche Arbeit kam mir nicht wie eine erbarmungslose Plackerei vor – ich fand es vielmehr schön zu beobachten, wie ich langsam zu einer menschlichen Maschine wurde, zu dem sprichwörtlichen Arbeitstier; Woche um Woche, Monat für Monat bekam ich mehr Ausdauer, Kraft und Motivation. Dass ich – im Gegensatz zu fossilen Brennstoffen – offenbar eine erneuerbare Energiequelle war, fand ich toll.

Jeden Herbst holten wir die Netze vom Kohl-Feld und deckten damit eine rot-grün-violette Collage von der Größe eines halben Morgens auf. Während alles andere langsam abstarb, Winterschlaf hielt oder sicher verpackt in irgendeinem Lagerraum lag, war dieses Feld das Sinnbild des Lebens. Es befand sich jedes Jahr an einer anderen Stelle, und man musste auf den Hügel steigen, damit man es in voller Größe sehen konnte: Es sah aus, als hätte jemand gerade ein riesiges Gemälde enthüllt.

Von Pete den kleinbäuerlichen Gemüseanbau zu lernen, war wirklich gut, denn er hatte ein leidenschaftliches Verhältnis zu seiner Arbeit und war ein positiver und selbstbewusster Chef, der das Team Tag für Tag zu übermenschlichen Arbeitsleistungen antrieb. Wie die meisten Menschen, die so etwas noch nie gemacht hatten, hatte auch ich mir das Gärtnern als eine ziemlich romantische, entspannte und

stressfreie Art des Lebensunterhalts vorgestellt, das muss ich zugeben. Romantisch finde ich es immer noch, aber seit ich bei Pete gearbeitet habe, kommt es mir nicht mehr ganz so entspannt vor. Und als jemand, der heute den Gemüseanbau auf einem Stück Land leitet, weiß ich auch, warum nicht.

Ich will damit sagen, dass ich gleich gemerkt habe, dass Pete trotz seiner langjährigen Erfahrung immer noch die schönen Seiten des Gärtnerns genießen konnte. Ich erinnere mich genau, wie er auf eine Phazelien-Kultur zeigte und mir sagte, dass ich ganz genau hinschauen solle. Wenn man nämlich eine blühende Phazelien-Kultur aufmerksam betrachtet, entdeckt man beinahe auf jeder Blüte jeder Pflanze eine Biene.«

Die Zeit, die wir in Coleshill gearbeitet haben, war eine Phase äußerst harter Arbeit, in der wir nach und nach einen großen, wunderschönen Garten anlegten. Die Kohl-Collage, die von Feld zu Feld wanderte, die Phazelien-Kultur, die oberhalb und unterhalb der Erde dem Naturschutz diente – diese Bilder wurden zu visuellen Gedächtnisstützen für die Theorien und Praktiken, die wir dort lernten. Es gibt nichts Besseres, als (in großen Mengen!) das Essen zu verspeisen, das man in harter Arbeit selbst angebaut hat. Und nichts macht den Kopf so frei und das Herz so ruhig wie die Arbeit auf einem kleinen Biohof.

Essbare Blüten

Immer wenn ich Gemüse anbaue, ziehe ich auch Blumen. Manchmal drohen sie, die anderen Feldfrüchte zu überwuchern, aber ich bemühe mich, meine Blumenliebe nicht zu sehr ausarten zu lassen. Als Kompromiss ziehe ich zahlreiche essbare Blüten, denn sie sind wunderschön und gleichzeitig nützlich. Kapuzinerkresse mag – wie ich entdeckt habe – das warme und feuchte Klima. Ein Sommer in Wales jedenfalls kann einen unüberschaubaren Dschungel von wunderschönen Blumen und Blättern hervorbringen.

Die Schönheit dieser Blüten ist nicht zu leugnen, aber sie sind tatsächlich auch gut für das Gesamtsystem. Bestäuber lieben sie, Schädlinge lieben sie (und lassen sich durch sie von unseren wertvollen Früchten weglocken), … und ich liebe sie auch.

Essbare Blüten ziehen

Calendula, Borretsch und Kapuzinerkresse – sie alle können zwischen März und Juli ausgesät werden, entweder in unterteilten Saatkisten oder einzeln, direkt im Boden. Ich habe diese Blumen am liebsten an den beiden Enden meiner Hochbeete. Ernten kann man sie, indem man vorsichtig die Blütenköpfe abpflückt.

Alle drei Pflanzen säen sich, wie ich beobachtet habe, nach der Aussaat des ersten Jahres im folgenden Jahr selbst aus. Ich lasse sie dann erst einmal herauskommen, und wenn sie an einer Stelle wachsen, wo ich sie nicht haben möchte, warte ich, bis sie ein paar Blätter ausgebildet haben, und versetze sie dann an die Enden meiner Hochbeete.

Auch mit den Blüten von Mizuna, Rucola, Fenchel, Dill, Schnittlauch, Koriander, Zucchini und anderen Kürbisgewächsen kannst du jedes Essen verschönern.

Meine Salate aus essbaren Blüten

Meine Sommersalate erwachen erst dadurch richtig zum Leben, dass ich ihnen essbare Blüten zugebe.

Die folgenden Blütenköpfe können allesamt genutzt werden, um Geschmack, Biss und Farbe in Salate zu bringen, und natürlich auch, um andere Gerichte zu garnieren. Diese Delikatessen müssen frisch gepflückt sein, weshalb man sie auch nicht im Laden findet, höchstens einmal auf Bauernmärkten. Sie sind wohl einfach zu gut, um gekauft und verkauft zu werden.

Ich nehme folgende Blüten:
— Borretsch-Blüten: Ich habe gehört, dass sie die Serotonin-Versorgung verbessern – mich jedenfalls machen sie glücklich. Borretsch ist außerdem wundervoll in einem großen Krug voll Pimm's.

- Calendula / Ringelblume: Zupfe die Blütenblätter von den Blütenköpfen und verteile sie im Salat. Ihre leuchtenden Orange- und Gelbtöne heben die Stimmung, und man sagt ihnen nach, dass sie für einen ausgewogenen Hormonhaushalt sorgen.
- Kapuzinerkresse: Zupfe die Blüten auseinander und nimm auch die kleineren Blätter, um deinem Salat eine scharfe und pfeffrige Note zu verleihen.
- Vorsichtig zerrupfte Blüten von Zucchini und Kürbis.
- Die kleinen goldenen Köpfchen der Fenchelblüten.
- Eine Prise Rucola-Blüten oder gelbe Mizuna-Blumen.

5
Wache halten

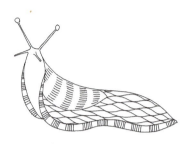

Während deine Pflanzen wachsen, wird die körperliche Arbeit weniger. Nun sind deine Beobachtungskräfte gefragt. Es ist eine raue Welt dort draußen und die Launen der Natur sind unvorhersehbar. Zwar ist es uns unmöglich, das Wetter oder unerwartete Schädlingsinvasionen zu beeinflussen, aber wir können unseren Garten liebevoll beobachten und uns bemühen, mögliche Bedrohung für unsere kostbaren Pflanzen vorauszusehen und ihnen entgegenzutreten.

HÄUFIGE PROBLEME

Schnecken

Schnecken sind mit Abstand die lästigsten Gartenschädlinge überhaupt, und sie sind schon manchem Gärtner zum Verhängnis geworden. Wenn du deine Samen statt direkt im Freiland in Saatkisten aussäst, kann das deine verletzlichen kleinen Setzlinge während der ersten Lebenswochen schützen.

Schnecken mögen es feucht und dunkel. Es ist also ratsam, die Beete nicht in der Nähe solcher Lebensräume anzulegen, also nicht neben Grasflächen oder Mulchmaterialien. Schnecken kriechen nicht gern über trockene oder scharfe Substanzen, weshalb sie sich oft von Holzspänen oder Eierschalen abhalten lassen, die man unter den Pflanzen verteilen kann.

Abendliches Gießen ist für die Schneckenwanderung eher förderlich, denn Schnecken bewegen sich am liebsten fort, wenn es feucht ist. Vielleicht ist dir schon einmal aufgefallen, wie viele Schneckenspuren es besonders am frühen Morgen gibt. Das liegt daran, dass Schnecken nachts am aktivsten sind. Gieße, wenn es irgendwie möglich ist, also lieber frühmorgens, um nächtliche Schneckenaktivitäten im Umfeld deiner Pflanzen einzudämmen.

Erstaunlicherweise haben Schnecken einen guten Geruchssinn: Sie schnuppern sich ihren Weg zurück zu ihren (und deinen!) Lieblingspflanzen. Die gute Nachricht ist, dass du diesen Geruchssinn der Schnecken zu deinem Vorteil ausnutzen kannst. Ich habe die Erfahrung gemacht, dass Bierfallen (niedrige, leicht zugängliche, mit Bier gefüllte Behälter) die Schnecken erfolgreich von meinem Gemüse weglocken können. Sie werden von dem hefigen Geruch des Biers magisch angezogen und schliddern dann in einen beschwipsten Tod.

Es gibt verschiedene Möglichkeiten, Schnecken zu bekämpfen, von Schneckenkorn bis Kupferband. Mir erscheinen diese Maßnahmen ziemlich teuer, weshalb ich andere Mittel bevorzuge. Am einfachsten und effektivsten ist es immer noch, nachts mit einer Taschenlampe vor die Tür zu gehen und die Schnecken einzusammeln.

In Momenten der tiefsten Schneckenverzweiflung, in denen mir wirklich nichts mehr einfällt, versuche ich daran zu denken, dass Schnecken gut für unsere Vögel sind.

Unkraut

Irgendwann taucht immer wie aus dem Nichts das Unkraut auf. Versuche, es so früh wie möglich zu erwischen, indem du deine Hände sachte durch die Pflanzenreihen laufen lässt, um ungewollte Setzlinge loszuwerden. Ich habe erst schmerzhaft lernen müssen, dass eine solche unmittelbare Reaktion später viel Zeit und Mühe sparen kann. Wenn das Unkraut überhandnimmt (und das tut es einfach manchmal), versuche, es zu jäten, bevor es blüht und seine Samen verstreut.

Unkraut kann kompostiert werden, aber wenn es schon Samen gebildet hat oder (wie Quecken, Nesseln, Ampfer und Löwenzahn) zu den ausdauernden Arten gehört, solltest du es lieber getrennt entsorgen. Ich lege das Unkraut in einen großen, mit Wasser gefüllten Eimer oder in einen alten, schwarzen Kompostsack. Erst wenn die Unkräuter nicht mehr zu identifizieren sind, dürfen sie auf den Komposthaufen.

Trotz zahlreicher Unkraut-Schlachten, die ich in den letzten Jahren geschlagen habe, habe ich mir vorgenommen, das Unkraut nicht als meinen Feind zu betrachten. Böschungen voller Unkraut können wunderbare Nahrungsquellen und Lebensräume sein – nur eben nicht für uns. Unkraut kann sogar nützlich sein. Aus Brennnesselblättern, die man in einen Wassereimer gibt, kann man einen stickstoffhaltigen »Kompost-Tee« herstellen, und abgestorbene Brennnesselstile bieten nützlichen Räubern ein schönes Zuhause. Die Vogelmiere kann zur Verbesserung des Bodens beitragen, und Butterblumen sind Anzeiger für Staunässe und zeigen uns, was unter der Erde vor sich geht. In diesen Zusammenhängen bekommt das Unkraut ehrenvolle Namen: »Medizinische Kräuter«, »Kompost-Tee«, »Bodenanzeiger«. Es ist also alles eine Frage der Perspektive.

Kommerzielle Unkrautvernichtungsmittel vermeide ich komplett, denn sie verschmutzen Boden und Wasserläufe, und das nützt am Ende niemandem. In der Praxis zeigt sich, dass die Sorge um uns selbst nicht von der Sorge für die gesamte Umwelt zu trennen ist.

Wetter und Boden

Je länger ich gärtnere, desto mehr beschäftigt mich das Wetter. Das liegt vermutlich daran, dass es wesentlich vom Wetter abhängt, wie hart man für sein Gemüse arbeiten muss. Durch Hitze, Frost, Wind und Regen ändert sich der Charakter der Feldarbeit schneller als ein wechselhafter Sommertag in Wales.

Ich versuche, das Wetter zu nehmen wie es kommt, und meine fehlende Kontrollmöglichkeit zu genießen – das funktioniert immer dann, wenn ich die Dinge richtig interpretiere. Man muss schon einige Fehler gemacht haben, um einen sechsten Sinn für seine Pflanzen zu entwickeln und zu spüren, wann sie Schutz, eine Abstützung oder Wasser brauchen. Es braucht eine Weile, aber dann ist es ein sehr schönes Gefühl, etwas zu haben, das einen so direkt mit den Elementen verbindet.

Bei jeder Art von Anbau solltest du daran denken, deine Bodenstruktur zu schützen. Die Beschaffenheit des Bodens wird darüber bestimmen, ob die Erde Wasser aufnehmen und halten kann, denn eine bessere Struktur ermöglicht es dem Boden, die kostbare Ressource Wasser besser zu speichern.

Versuche herauszufinden, wie wasserhaltig dein Boden ist. Wenn er zu nass ist, kommt es zu Verdichtungen, ist er zu trocken, ist seine Oberfläche den Elementen schutzlos ausgeliefert, und wertvolle Feuchtigkeit verdunstet.

Vertraue hier deinen Instinkten.

Bodenschutz

Ein unbedeckter Boden, der vorbereitet wurde, um Samen oder Setzlinge in die Erde zu bringen, ist ein Boden in einem vollkommen unnatürlichen Zustand, den man in der Wildnis so nicht findet. Er ist extrem verletzlich, weil ihm die natürlichen Schutzmittel gegen Sonne, Wind, Regen und Verdichtung entrissen worden sind. Auch werden die Nährstoffe des Bodens in diesem Zustand am leichtesten ausgewaschen, was zur Verschmutzung von Flüssen führt. Die Nährstoffe, so nützlich sie in unseren Böden sind, führen in unseren Flüssen zu einem Ungleichgewicht. Infolgedessen wachsen Algen, und Sauerstoff und anderes Leben verschwinden aus den Flüssen.

Gründüngungen und Mulchdecken können dazu beitragen, den Verlust von Nährstoffen und die Schädigung des Bodens zu verhindern.

Man sollte den Boden bearbeiten, wenn es draußen weder zu nass noch zu trocken ist, denn nur so lässt sich der Schaden eingrenzen, den man ihm – vor allem durch Verdichtung – zufügt. Guten Boden muss man über Jahre kultivieren, und er kann innerhalb weniger Stunden zerstört werden. Es ist deshalb wichtig, ihn vor Erosion zu schützen und ihn für die kommenden Generationen zu bewahren.

Bodenfruchtbarkeit erhalten

Eine der größten Herausforderungen im Gartenbau ist die Erhaltung der Bodenfruchtbarkeit, also den hohen Stickstoffgehalt zu bewahren, den alle Pflanzen zum Wachsen brauchen. Die konventionelle Landwirtschaft verlässt sich dazu auf den Einsatz von industriellem Stickstoffdünger, bei dessen Herstellung große Mengen fossiler Brennstoffe und Wasser verbraucht werden.

In diesem Prozess gelangen Stickoxyde in die Atmosphäre, was zum weiteren Klimawandel beiträgt. Unser gesamtes System der Nahrungsmittelproduktion stützt sich auf diese Art des Düngens.

Das Schlimme an diesem System ist, dass es nicht die Bodengesundheit im weiteren Sinne zum Ziel hat. Es ist ein System der Abhängigkeit, in dem man sich auf vorhandene, aber endliche Ressourcen verlässt. Die Menge und Erschwinglichkeit der Nahrung auf unserem Planeten ist damit den Preisfluktuationen und der Verfügbarkeit von fossilen Brennstoffen unterworfen.

Dieses System setzt sein Vertrauen in etwas, dessen Angebot begrenzt ist, und das deshalb zunehmend teurer wird. Mir erscheint es einigermaßen irrational, den Großteil unserer Nahrungsmittelproduktion auf ein System zu stützen, das nur noch für relativ kurze Zeit funktionieren wird – besonders, wenn man bedenkt, dass es auch andere Möglichkeiten gibt. Nachhaltige, langfristige Systeme – wie Gründüngungen zur Stickstoffbindung – erhalten die Fruchtbarkeit des Bodens, indem sie die Bodengesundheit auf langfristige Weise in den Blick nehmen, ohne sich auf den Ressourcenreichtum unserer Erde zu verlassen, der früher oder später unweigerlich versiegen wird.

Fruchtbarkeit biologisch ankurbeln

Für uns Gärtner läuft im Grunde alles darauf hinaus, dass wir dem Boden so viele Nährstoffe zurückgeben müssen, wie wir ihm durch unsere Ernte genommen haben und wie ihm von den Elementen entzogen wurde.

Wie ich schon weiter oben gezeigt habe, ist das Kompostieren eine brillante Methode, Abfälle zu recyceln und sie in reichhaltigen Humus zu verwandeln, der wiederum Pflanzen ernährt, dem Boden Struktur gibt und ihm dabei hilft, Wasser zu speichern. Die größte Schwierigkeit in Bezug auf Kompost besteht darin, dass man genügend davon auftreiben muss. Um Kompost herzustellen, braucht man viel organisches Material, aber wenn du nur wenige Haushaltsabfälle und einen kleinen Garten hast, gibt es auch andere Möglichkeiten.

Als meine Schwester Barley gerade im Begriff war, in ihrer Wohnsiedlung in London einen Garten mit Hochbeeten anzulegen, rief sie kurzerhand im Stadtrat an. Sie schaffte es, sich 15 Tonnen Kompost umsonst zu organisieren, hatte aber keine Ahnung, wie 15 Tonnen davon aussehen. Als er geliefert und auf den Gehweg geschüttet wurde, waren ihre Nachbarn verständlicherweise nicht besonders begeistert. In ihrer Panik nutzte meine Schwester das Internet-Verschenk-Netzwerk *Freecycle*, um bekannt zu geben, dass man sich bei ihr kostenfrei Kompost abholen könne. Im Laufe der folgenden Wochen zog ein ganzer Strom von Anwohnern mit Schubkarren, Kleinbussen und Säcken an ihrem Haus vorbei. Dieses Erlebnis zeigt wieder einmal, dass das, was für den einen Müll ist, für den anderen sehr kostbar sein kann. Es ist eben die Frage, wie man einen bestimmten Wert einschätzt. Kompost lässt sich auftreiben, manchmal sogar in Massen – und umsonst!

Zaubermist

Mist von Tieren macht den Gartenboden sehr fruchtbar. Eine gute Bezugsquelle sind Mietställe, wo man den Dünger oft als Abfall betrachtet, weshalb man ihn dort kostenfrei abholen kann. Der Dünger muss sich zersetzt haben und gut kompostiert sein, bevor man ihn auf die Beete gibt, aber wenn man ihn unter den

Komposthaufen mischt, beschleunigt sich der Kompostierungsvorgang. Sobald hellrosa Kompostwürmer auftauchen, kann der Dünger benutzt werden. Falls der Mist noch nicht ganz so gut verrottet sein sollte, kannst du ihn auch als unterste Schicht in deine Hochbeete geben. Er sorgt hier unten für zusätzliche Wärme und wird dann nach und nach zerfallen. Geflügeldünger ist ebenfalls eine gute Stickstoffquelle. Die Beimischung von Hühnermist oder verdünntem Urin tut deinem Komposthaufen also ebenfalls gut.

Mulchdecken

Mulch ist etwas, mit dem zu unterschiedlichen Jahreszeiten und aus einer Reihe von Gründen der Boden abgedeckt wird. Einige Mulche sind organischer Natur (z.B. Kompost oder Stroh), andere sind industriell gefertigt (z.B. Kunststofffolien oder Pappe). Im Frühling dient der Mulch dazu, die Beete unkrautfrei zu halten und sie für die Bepflanzung vorzubereiten, während Sommermulche dafür verwendet werden können, Feuchtigkeit zu speichern und Unkraut zu unterdrücken. Herbst- und Wintermulche wie Gründüngungen (siehe auch Seite 38) sind wahrscheinlich die wichtigsten Mulcharten, weil sie dazu beitragen, den Boden über die Wintermonate vor Erosion zu schützen. Sie helfen außerdem, die Fruchtbarkeit des Bodens für das kommende Jahr zu erhalten und zu vergrößern.

Gründüngungen

Gründüngungen sind Pflanzen, die ausgesät werden, um die Bodengesundheit zu verbessern oder seine Fruchtbarkeit zu erhöhen.

Alle Pflanzen aus der Familie der Hülsenfrüchtler (von Bohnen bis Klee) haben die bemerkenswerte

Eigenschaft, dass sie mit ihren Wurzeln Stickstoff aus der Luft so binden können, dass er für andere Pflanzen verfügbar ist. Diese nachhaltige Art der Stickstoffbereitstellung macht industriell gefertigte Düngemittel überflüssig.

Alle Gründüngungen werden auch dazu benutzt, den Boden zu bedecken, ihn vor den Elementen zu schützen und zu verhindern, dass Nährstoffe ausgewaschen werden. Die Gründüngungspflanzen speichern stattdessen Nährstoffe, die dann im Frühling oder Sommer in den Boden eingearbeitet werden. So entsteht ein Nährstoffkreislauf, der Futter für Würmer bereitstellt und der Bodengesundheit im Ganzen dient. Während industriell gefertigter Dünger dem Boden lediglich Stickstoff zufügt, haben Gründüngungen also gleich mehrere Vorteile.

Pflanzen pflücken

Es lohnt sich, einen Moment darüber nachzudenken, auf welche Weise du deine Pflanzen pflückst. Das mag einfach erscheinen, wenn du Gemüse erntest, das nur eine Frucht hat, wie zum Beispiel Karotten. Etwas komplexer wird die Sache, wenn du eine Pflanze aberntest, die du so lange wie möglich lebendig und ertragreich halten möchtest.

Die Ernte trägt oft zur Gesundheit von Pflanzen bei. Sie verbessert die Luftzirkulation und verhindert, dass Krankheiten sich einnisten. Gleichzeitig muss man beim Pflücken bedenken, dass es hier immer um ein Gleichgewicht geht: Man muss der Pflanze genügend Reserven lassen, damit sie weiterwachsen kann.

Bei blättrigen Pflanzen wie Salat und Mangold sollte man vorsichtig die äußeren Blätter der Pflanze abpflücken. Das Pflanzenherz wird dann weiterwachsen und das ersetzen, was man genommen hat.

Verschiedene Pflanzen haben unterschiedliche Bedürfnisse, aber alle müssen mit großer Vorsicht behandelt werden, wenn man ihr zukünftiges Wachstum nicht gefährden möchte. Wenn eine Pflanze großem Stress ausgesetzt ist, kann das dazu führen, dass sie vorzeitig Samen bildet und ihr Leben viel zu früh beendet.

Sei geduldig

Vor nicht allzu langer Zeit ist mir klar geworden, dass ich nicht jedes Problem durch schnelles Eingreifen lösen kann. Manchmal führen andere Aufgaben oder Zeitmangel dazu, dass ich nicht jede Arbeit schaffe, die ich mir vorgenommen habe. Diesen Winter musste ich meine Beete unabgeräumt und chaotisch lassen. Meine alten Pflanzen wurden so lange von Frost und Wetter gebeutelt, bis sie als Skelette des Sommers auf den Boden sanken. Sie bildeten so eine natürliche Mulchdecke, indem sie dem Boden Schutz vor den Elementen boten. Klee hatte sich selbst ausgesät und fand sich zusätzlich auf fast allen Beeten. Ich rupfte das eine oder andere verirrte Unkraut raus, aber das war auch alles.

Wir leben in einer Kultur, die der Idee des Eingreifens und der Sichtbarkeit von Resultaten sehr zugeneigt ist. Wir sollen manipulieren und kontrollieren, aber wir hinterfragen nie genau, was wir da eigentlich tun. Inzwischen habe ich herausgefunden, dass man nur die Dinge ins Lot bringen muss, die schon vorher aus dem Gleichgewicht gebracht worden sind.

Das »Gärtnern ohne Umgraben« habe ich bei Charles Dowding kennengelernt, der seit dem Jahr meiner Geburt diese Methode als Pionier ausprobiert hat. Sobald es erschienen war, kaufte ich mir sein Buch *Gemüsegärtnern wie die Profis* und bin seitdem ein absoluter Fan dieser Herangehensweise. In dem Buch zeigt Charles Dowding, dass Umgraben – obwohl es in seltenen Fällen notwendig sein kann, um Unkraut oder eine Gründüngung loszuwerden – den Boden beschädigt und als meist völlig unnütze Plackerei betrachtet werden muss. Viel besser ist es, Kompost auf die Beete zu geben und es den Würmern zu überlassen, ihn unter die Erde zu befördern. Die Würmer übernehmen so das Umgraben für dich, und sie sind dabei sehr viel vorsichtiger, als du es sein könntest.

Manchmal ist weniger mehr.

6
Die Ernte genießen

Ich mag das Wort »Überfluss«. Es erinnert mich an Sonnenschein und an die wundervollen Tage der Fülle auf den Höfen. Ranken voller Tomaten, kistenweise Zucchini und Säcke voll Salat – der Ertrag der Sommerwärme und des Lichts wird uns zu Füßen gelegt.

Man hat die zarten Pflänzchen gegen Frost, Sturm, Unkraut und Hitze verteidigt, man hat sie genährt und für sie geschuftet, und endlich kann man ihre Zartheit für kurze Zeit vergessen. Manche Pflanzen kommen in eine Phase atemberaubender Vitalität, sie werfen Früchte ab, bis man völlig erschöpft ist von der Ernte. Im großen Kreislauf ist dies nur ein Aufblitzen, eine der Freuden im Wandel der Jahreszeiten. Wir sollten diese Zeit genießen und den Sonnenschein speichern, damit wir dann gut durch die kargeren Monate kommen.

Viele bekannte Leckerbissen wurden aus genau diesem Wunsch geboren, im Körper einen Vorrat aus Sonne und Licht anzulegen, der uns durch die dunklen Wintermonate bringt. Immer wenn wir versuchen, uns saisonal zu ernähren, erlauben uns derartige Speichertechniken, solche Aromen auch während der kalten Herbst- und Wintermonate zu bewahren.

Gutes Gemüse anzubauen, scheint gute Köche anzuziehen, woraus aus meiner Sicht eine ideale Situation entsteht: Die Erfahrungen des Gärtnerns, Kochens und Essens werden eins. Ein paar von diesen großartigen Köchen haben mir erlaubt, die Rezepte von einigen meiner Lieblingsgerichte in diesem Kapitel weiterzugeben.

DIE BALLYMALOE KOCHSCHULE

Alles begann auf einer Autofahrt mit meinem Vater. Er erzählte mir, dass er vor kurzem in der Ballymaloe Kochschule in East Cork in Irland gewesen sei. Mit Anfang 20, in dem Alter, in dem ich selbst gerade war, hatte er sich für einige Zeit in Kalifornien aufgehalten, und die Menschen in Ballymaloe und der Geist, der dort herrschte, hatten ihn an diese denkwürdige Phase seines Lebens erinnert. Er wünschte sich sehr, dass auch ich eine solche Erfahrung machen konnte.

Aus einer Laune heraus beschlossen wir, sofort dort anzurufen und zu fragen, ob ich vorbeikommen könne. Darina Allen, die die Schule leitete, ist eine Freundin meines Vater, und sie sagte sofort ja. Wir verabredeten, dass ich immer dort mit anpacken sollte, wo einer der Schüler fehlte.

Ich traf ein, als gerade die 9. Woche eines 12-wöchigen Kochkurses lief. Die Schüler waren von Sodabrot zu raffinierteren Speisen fortgeschritten, zum Beispiel zu Soßen und kompliziertem Gebäck. Ich hatte von so etwas nicht die leiseste Ahnung. Bei meiner Ankunft gab mir Darina einen Korb mit selbstgemachter Marmelade und frisch gebackenem Brot mit Butter und schickte mich entlang eines Weges, an dem sich massenhaft Krähen tummelten, zu meiner Gastgeberin, einer netten alten Dame, die die Mutter des Viehhüters war.

An diesem Ort anzukommen, war herrlich, und es ist wohl nicht verwunderlich, dass er zu einem der Orte wurde, den zu verlassen mir später unglaublich schwerfiel.

Ballymaloe war zugleich idyllisch und inspirierend. Mit Darina an der Spitze hatte die Kochschule die ganze Gemeinde verändert, indem sie dem regionalen Essen und seinen Produzenten eine Plattform bot. Aus den Anfängen hatte sich eine blühende Kultur von Bauernmärkten und Kunsthandwerksbetrieben entwickelt. Am auffälligsten und beeindruckendsten war für mich, dass viele dieser Leute sehr jung waren, nur wenig älter als ich selbst damals.

Ich arbeitete mit Rupert zusammen, der mir in einem Crashkurs zeigte, wie man die Bauernmärkte von Midleton, Cork und Dublin bespielte. Wir standen sehr früh auf, um zu ernten, die Fahrt hinter uns zu bringen, unseren Stand aufzuschlagen und mit dem Verkauf zu beginnen. Rupert nahm das Verkaufen sehr ernst. Unter seiner Aufsicht wusch ich jedes Salatblatt einzeln und polierte jede Tomate individuell, bevor ich sie vorsichtig in die Auslage legte. Auf dem Nachhauseweg zählte ich unsere Tageseinnahmen und dann hielten wir oft beim Blackbird Pub, um Musik zu hören und Stout zu trinken.

Keiner von uns hatte damals viel Geld, aber wir speisten wie die Könige. Unser Basilikum, unsere frischen Salate und Tomaten tauschten wir gegen Pastete, Fisch, Chorizo und Brot. An sonnigen Tagen setzten wir uns nach draußen vor das Cottage, um mit Blick aufs Meer zu schmausen, während Neil Youngs *Harvest* aus dem Haus dröhnte.

Als der Herbst kam, machten sich Rupert und seine Freundin Lydia auf die Suche nach ein bisschen Wintersonne. Ich blieb dort, mit einem Fahrrad und ihrem Folientunnel in ihrem Cottage auf der Klippe, zusammen mit meinem Freund Pip und der Katze Wink.

Diese Existenz war nur temporär, und ich konnte sie über die harten Wintermonate nicht aufrechterhalten. Aber die Eindrücke haben mich für immer geprägt, denn ich lernte dort eine Lebensweise kennen, die mir sehr entsprach: eine ganz besondere Mischung von Menschen, Landschaft und Arbeit, in der sich alles um das Anbauen und Verspeisen von Nahrung drehte.

DIE ERNTE GENIESSEN

Rezepte

Süße eingelegte Gurken aus Ballymaloe	130
Chutney aus Grünen Tomaten	131
Halb sonnengetrocknete Tomaten aus Ballycotton	132
Mein bestes Pesto	133
Pams eingelegte Stangenbohnen	134
Pams Kapuzinerkresse-»Kapern«	136
»Trees Can't Dance« Scharfe Salsa Verde	138
»Trees Can't Dance« Gewürzgurken	139
Deutscher Rote Bete-Salat von Anja Fforest Dunk	140
Sian Tuckers frittierte Zucchini	141
Alicia Millers gebratene Tomaten mit »Tunke«	142
Hugh Fearnley-Whittingstalls Erbsen-Salat-Liebstöckel-Suppe	144
Dreieckskrabben-Linguine mit Rucolablüten und Petersilie vom Cardigan Bay	146
Hugh Corbins Makrele mit Sommergemüse	147
Gartentomatensoße aus »Fields of Plenty«	148
Süße Bete-Relish von »Pea Green Boat«	150

Süße eingelegte Gurken aus Ballymaloe

In Ballymaloe lebte ich in einem Cottage am Meer, das mit am Strand gesammeltem Treibholz geheizt wurde. Trotz meiner einfachen Verhältnisse war der Kühlschrank immer gut gefüllt. Eingelegte Gurken waren die Währung, mit der sich auf dem Bauernmarkt wunderbare Speisen eintauschen ließen.

Für 8 bis 10 Personen

Zutaten
900 g in dünne Scheiben geschnittene ungeschälte Gurke
3 kleine Zwiebeln, in dünne Scheiben geschnitten
350 g Zucker
1 gestrichener TL Salz
225 ml Apfelessig

Gurken- und Zwiebelscheiben in eine große Schüssel geben. Zucker, Salz und Essig vermischen und über die Gurken und Zwiebeln gießen. In einem fest verschlossenen Gefäß in den Kühlschrank stellen und vor dem Verzehr vier bis fünf Stunden oder über Nacht stehenlassen.

Ich liebe dazu frischen Dill, aber auch mit glatter Petersilie und Kerbel schmecken die Gurken großartig. Kapern oder eingelegte Kapuzinerkresseschoten passen ebenfalls gut dazu, siehe Seite 150.

Chutney aus Grünen Tomaten

Für jeden Tomatengärtner kommt die Zeit, in der er sich seine Niederlage eingestehen muss. Der Frost kriecht heran und hinterlässt die letzten Rottöne des Sommers auf der kalten Haut einer halbreifen Tomate. Das ist nicht das Ende, sondern ein Übergang, an dem alte Ranken herausgezogen werden, damit Platz für Wintersalate entsteht. Die letzten Früchte (halbreif oder grün) können jetzt für einen winterlichen Festschmaus geerntet werden – und in diesem köstlichen Rezept verarbeitet werden.

Für zwölf 200-ml-Gläser

Zutaten

1 kg saure Äpfel (*Boskoop oder Cox Orange*), geschält, in Scheiben
450 g gehackte Zwiebeln
1 kg grüne Tomaten, gehackt (*schälen ist nicht nötig!*)
350 g weißer Zucker
350 g Demerara-Zucker
450 g Sultaninen
2 TL gemahlener Ingwer
2 TL Piment
2 TL frisch gemahlener schwarzer Pfeffer
2 Knoblauchzehen, grob gepresst
1 EL Salz
900 ml Weißweinessig

Äpfel und Zwiebeln in einen großen Edelstahl-Topf geben und alle weiteren Zutaten ergänzen. Gut umrühren, zum Kochen bringen und ohne Deckel ca. 45 Minuten lang auf die Hälfte einkochen lassen. Besonders gegen Ende regelmäßig umrühren. Das Chutney in sterilisierte Gläser füllen. Gläser sofort mit rostfreien Deckeln verschließen und vor dem Verzehr mindestens zwei Wochen an einem dunklen, luftigen Ort durchziehen lassen.

Rezepte mit freundlicher Genehmigung von Darina Allen.

Halb sonnengetrocknete Tomaten aus Ballycotton

Diese mit Olivenöl bedeckten Tomaten haben wir eimerweise auf dem Markt verkauft. Das Rezept eignet sich gut, um überschüssige Früchte zu verarbeiten und ihre süße Schärfe nach dem Frost noch ein paar Wochen zu genießen.

Tomaten halbieren (entlang der Mitte sieht es schöner aus als entlang der Strünke) und mit der geschnittenen Seite nach oben in einer Schicht auf ein Backblech legen. Großzügig mit Meersalz, Zucker und gemahlenem schwarzen Pfeffer bestreuen, dann mit Olivenöl beträufeln und Thymian – oder Rosmarinzweige (oder beides) darüberlegen.

Das Blech in den auf 100 °C (Gas: Stufe 1) vorgeheizten Ofen schieben.

Tomaten zwischen vier und acht Stunden im Ofen lassen, je nach Ofen, und je nachdem, wie sonnengetrocknet du die Tomaten magst. Je länger sie drinbleiben, desto trockener werden sie.

Da diese Tomaten (anders als die italienischen sonnengetrockneten Tomaten) nicht vollständig getrocknet sind, sollten sie (mit Öl bedeckt und im Kühlschrank) nicht länger als ein paar Tage aufbewahrt werden. Praktisch und lecker wie sie sind, lassen sie sich aber sehr schnell aufbrauchen.

Mein bestes Pesto

Ein Pesto ist einfach eine Paste aus Basilikum, man kann aber auch grünes Blattgemüse oder andere Kräuter dafür verwenden. Wenn es kühl gelagert und mit Öl bedeckt wird, hält es sich mehrere Wochen. Pesto ist sehr vielseitig und schmeckt zu Pasta, Lamm und anderem Fleisch.

Selbstgemachtes Pesto ist großartig, aber man braucht dazu massenhaft Basilikum. Man kann es durch Rucola, blanchierten Grünkohl oder Petersilie ersetzen oder ergänzen (von Petersilie braucht man viel weniger, da sie so intensiv schmeckt). Meine Freunde von »Trees Can't Dance« geben noch Chili und Bärlauch dazu – als Soße für Pasta einfach genial.

Für zwei 450-ml-Gläser

Zutaten

100 g frische Basilikumblätter (*oder andere Kräuter*)
150 ml natives Olivenöl extra
25 g frische Pinienkerne (*vor dem Kauf unbedingt kosten, um sicherzugehen, dass sie nicht ranzig sind*)
2 große Knoblauchzehen, geschält und gepresst
50 g frisch geriebener Parmesan
   (*Parmigiano Reggiano ist der beste*)
Salz, nach Geschmack

Basilikum (oder die anderen Kräuter) mit Olivenöl, Pinienkernen und Knoblauch in eine Küchenmaschine geben oder in einem Mörser zerstoßen.

In eine Schüssel umfüllen und den Parmesan unterziehen, anschließend abschmecken und würzen. Das Pesto in sterilisierte Gläser füllen und mit einer Schicht Olivenöl bedecken. Im Kühlschrank aufbewahren.

Man kann Pesto auch gut einfrieren, aber dann ist es besser, den Parmesan erst nach dem Auftauen unterzuziehen.

PAM THE JAM

Als ich meinen Kurzzeitjob bei »River Cottage« antrat, hatte ich das Glück, in den warmherzigen und nahrhaften Haushalt der Familie Corbin aufgenommen zu werden. Pam »the Jam« Corbin ist die Königin des Einlegens und Haltbarmachens. Einlegen ist eine gute Methode, den köstlichen Geschmack der Gartenfrüchte das ganze Jahr über zu bewahren. Essig, Zucker und Salz tragen gemeinsam dazu bei, den süßen Geschmack zu erhalten.

Maddy Corbin hat die Fähigkeiten ihrer Mutter geerbt: Auf Seite 150 hat auch sie ein Rezept beigesteuert, das sich bestens zur Verarbeitung von Überschüssen eignet.

Pams eingelegte Stangenbohnen

Ein kinderleichtes Rezept, mit dem sich eine große Menge an Bohnen gut verarbeiten lässt, egal ob die langen grünen Stangenbohnen oder die kurzen feineren Buschbohnen. Dieses herrliche Rezept lässt sich gut an deinen individuellen Geschmack anpassen: ein bisschen weniger Zucker oder ein bisschen mehr, ein wenig Chili für einen Hauch Schärfe, oder eine Prise Kreuzkümmel für das warme Gefühl im Bauch. Du musst einfach nur das grundlegende Verhältnis von Bohnen, Zwiebeln, Essig, Speisestärke und Kurkuma beibehalten.

Für fünf 450-g-Gläser

Zutaten

4 mittelgroße Zwiebeln, geschält und
   in dünne Scheiben geschnitten
500 ml Apfelessig
1 kg Stangenbohnen (*oder Buschbohnen*)
300 g Demerara-Zucker
1 gehäufter EL scharfes Senfpulver
1 gehäufter EL Kurkumapulver
2 gehäufte EL Speisestärke
1–2 EL gelbe Senfsamen
1 guter TL Meersalz

Die Zwiebeln zusammen mit 250 ml von dem Apfelessig und 250 ml Wasser in eine schwere Pfanne geben und 15 bis 20 Minuten zugedeckt köcheln lassen, bis sie weich sind. Vom Herd nehmen.

In der Zwischenzeit die Bohnen vorbereiten: Enden abschneiden und jede Bohne diagonal in 4 bis 5 Stückchen schneiden. Bohnen in einen großen Topf mit kochendem Wasser geben und wieder zum Kochen bringen. Je nach Alter und Konsistenz der Bohnen 3 bis 4 Minuten kochen lassen – die Bohnen sollen durch sein, aber noch ein wenig Biss haben. Dann die Bohnen vom Herd nehmen und abtropfen lassen.

Die Bohnen zusammen mit dem restlichen Essig zu den angedünsteten Zwiebeln geben und alles zum Kochen bringen. Zucker dazugeben und so lange rühren, bis er sich komplett aufgelöst hat.

Senfpulver, Kurkuma, Speisestärke, Senfsamen und Salz in eine kleine Schüssel geben und mit 100 ml kaltem Wasser zu einer weichen Paste schlagen. Die würzige Paste zu den Bohnen und Zwiebeln geben und so lange rühren, bis die Mischung zu einer glatten, weichen Soße eingedickt ist. Einige Minuten köcheln lassen, damit die Speisestärke durchkochen kann.

Sofort in warme, sterilisierte Gläser löffeln und mit rostfreien Deckeln verschließen.

Pams Kapuzinerkresse-»Kapern«

Die knubbeligen grünen Samenschoten der Kapuzinerkresse schmecken scharf und pfeffrig. Es macht Spaß, sie einzulegen, und sie sind ein guter Ersatz für die bekannteren Früchte der Kapernpflanze. Die Samenschoten werden am besten gesammelt wenn sie sonnenwarm sind. Pflücke nur die frischen grünen oder grünlich-pinken (die älteren gelben sind hart und geschmacklos).

Die »Kapern« passen zu selbstgemachter Sauce Tartare, zu Tomatensalat und zu in Butter gebratenem Fisch.

Für zwei 100-g-Gläser

Zutaten
15 g Meersalz
ca. 100 g Samenschoten der Kapuzinerkresse
ein paar Pfefferkörner (*nach Belieben*)
2 oder 3 Lorbeerblätter
2 Muskatblüten
200 ml Weißweinessig oder Apfelessig

Eine dünne Lake herstellen, indem man das Salz in 300 ml Wasser löst. Die Samenschoten in eine Schüssel geben und mit der kalten Lake bedecken. 12 bis 24 Stunden (nicht länger) stehen lassen. Die Schoten abtropfen und trocknen lassen.

Ein paar Pfefferkörner (nach Belieben), ein Lorbeerblatt und eine Muskatblüte in ein kleines sterilisiertes Glas legen. Dann die Schoten einschichten und am oberen Rand 1 cm freilassen. Die Schoten mit Essig bedecken und die Gläser mit rostfreien Deckeln verschließen. Vor dem Verzehr einige Wochen an einem kalten, dunklen Ort stehen lassen. Innerhalb eines Jahres aufbrauchen.

Rezepte mit freundlicher Genehmigung von Pam Corbin.

»TREES CAN'T DANCE«

Meine Freunde Becky und Dan May haben ein Faible für alles Scharfe und Würzige. Sie wohnen in Northumberland, aber ihre Leidenschaft für die Aromen der Wüste hat sie zu einigen der nördlichsten Chili-Züchtern der Welt gemacht. Alle haben ihnen gesagt, dass ihre Idee schlicht und einfach nicht funktionieren wird. Sie ließen sich nicht abschrecken und haben seitdem bewiesen, dass es möglich (wenn auch sehr schwierig!) ist, Chilis weit weg von ihrer sonnigen Heimat anzubauen. Ich finde ihre Einstellung toll, denn sie zeigt, dass es sich manchmal lohnt, Dinge auszuprobieren, von denen einem alle anderen abraten.

In ihren »Trees Can't Dance«-Rezepten kombinieren sie verschiedene intensive Geschmacksrichtungen auf meisterhafte Weise und haben mir für die folgenden Seiten freundlicherweise einige davon zur Verfügung gestellt.

»Trees Can't Dance« Scharfe Salsa Verde

Reicht für vier Personen
zu Fisch, Lamm oder Ähnlichem

Zutaten

15 g *(eine Handvoll)* glatte Petersilie, gehackt
5 g *(eine kleine Handvoll)* Basilikumblätter, gerupft
ein paar Minzeblätter, gehackt
2–3 EL Kapern *(oder eingelegte Kapuzinerkresseschoten)*
geriebene Schale von einer Zitrone
1 kleine scharfe grüne Chilischote ohne Samen, fein gehackt
6 Sardellenfilets, abgetropft, abgespült, abgetupft und gehackt
1 Knoblauchzehe, gepresst
1 EL natives Olivenöl extra

Nach Belieben:

5 g Bärlauch, fein gehackt oder 5 g frisch gehackter Estragon

Alle Salsa-Zutaten in eine Küchenmaschine geben und für ein paar Sekunden mixen, oder sie in einem Mörser zu einer groben Paste verarbeiten. Wenn nötig etwas mehr Olivenöl zugeben und mit Salz und Pfeffer abschmecken.

Diese Salsa ist sehr robust, trau dich ruhig, mit anderen Kräutern zu experimentieren – wenn du etwas im Überfluss hast, wirf es dazu! Meine Lieblingsvarianten bestehen aus frisch gepflücktem Bärlauch oder frischem Estragon.

»Trees Can't Dance« Gewürzgurken

Für ein 1-kg-Glas
oder entsprechend viele kleinere Gläser

Zutaten
750 g junge, dunkelgrüne Gurken, ungeschält,
   mit abgeschnittenen Enden
1 frisches Lorbeerblatt
1 halber TL schwarze Pfefferkörner
2 ganze Knoblauchzehen
50 g Meersalz
100 ml Apfelessig
4 Knoblauchzehen, geschält und halbiert
2 Estragon- oder Dillzweige

600 ml Wasser, das Lorbeerblatt, Pfefferkörner, die ganzen Knoblauchzehen und das Salz in einem kleinen Topf zum Kochen bringen. Vom Herd nehmen und abkühlen lassen.

Den Essig hinzufügen und umrühren. Zwei der halbierten Knoblauchzehen und einen der Kräuterzweige auf den Boden eines sterilisierten Glases legen. Die Gurken einschichten und auf der Hälfe des Glases den anderen Kräuterzweig dazugeben. Genau so viel von der Flüssigkeit dazugießen, dass die Gurken bedeckt sind. Zum Schluss die restlichen halbierten Knoblauchzehen zufügen. Das Glas sollte bis oben hin mit den Gurken und der Flüssigkeit gefüllt sein. Das Glas mit einem sterilisierten Deckel verschließen und ein paar Mal drehen, damit sich alles gut vermengt.

Die Mischung für etwa einen Monat an einem kühlen, dunklen Ort gären lassen. Die Gurken sollten knackig sein und leicht scharf schmecken. Du kannst den Gärungsprozess aber auch beschleunigen, indem du das Glas für vier bis fünf Tage auf eine sonnige Fensterbank stellst. Wenn du dich für diese Methode entscheidest, solltest du die Gewürzgurken jedoch im Kühlschrank aufbewahren.

ÜBERFLUSS-REZEPTE AUS FFOREST GARDEN

Die wunderschönen Frauen vom »Fforest Camp« in Wales waren immer bemüht, die Überfülle aufzubrauchen, die ich ihnen ab und an aus meinem Garten zukommen ließ. Tüten voll Mangold, Kisten über Kisten mit Tomaten und Zucchini, die über Nacht aus dem Nirgendwo aufgetaucht waren.

Deutscher Rote Bete-Salat von Anja Fforest Dunk

Für 6 bis 8 Personen

Zutaten
1 kg Rote Bete
2 EL Pflanzenöl
1 EL Rotweinessig
1 TL Kümmel
1 mittelgroße weiße Zwiebel, fein gewürfelt
1 Prise Salz
1 Prise frisch gemahlener schwarzer Pfeffer
frische Petersilie, fein gehackt

Rote Bete als Ganzes in Wasser kochen, bis sie zart ist. Kalt abschrecken, vorsichtig die äußere Haut abziehen und in 3 mm dünne Scheiben schneiden.

In einem Marmeladenglas Öl, Essig, Kümmel, Zwiebelstückchen, Salz und Pfeffer gut schütteln.

Dressing über die Rote Bete gießen, solange sie noch heiß ist. Die Früchte vorsichtig im Dressing schwenken. Den abgekühlten Salat mit Petersilie bestreuen.

Sehr lecker zu Fleischklopsen!

Sian Tuckers frittierte Zucchini

*Ein schönes sommerliches Abendessen,
wenn es massenhaft Zucchini im Garten gibt!*

Für ca. 10 frittierte Portionen

Zutaten

3 mittelgroße Zucchini, grob geraspelt
2 Eier, leicht geschlagen
6 EL feines, weißes Mehl
250 g Halloumi, gerieben
4 Frühlingszwiebeln, gehackt
1 EL frischer Koriander, gehackt
1 halber TL Paprikapulver
1 TL gemahlener Kreuzkümmel

Die grob geraspelten Zucchini in ein Sieb geben. Ein wenig Salz darüberstreuen und 30 bis 40 Minuten entwässern lassen, dann mit der Hand gut auspressen.

In der Zwischenzeit mit den Eiern und dem Mehl einen schweren Teig herstellen, den geriebenen Halloumi dazugeben und die Frühlingszwiebeln, den Koriander, das Paprikapulver und den Kreuzkümmel einrühren. Den Teig mit Salz und frisch gemahlenem Pfeffer würzen und noch einmal gut durchkneten. Jetzt kommen die Zucchini dazu. Die Mischung sollte etwas feucht, aber nicht zu nass sein. Wenn sie dir zu nass vorkommt, füge einfach noch ein wenig Mehl hinzu.

Einen Schuss Olivenöl bei mittlerer Hitze in einer großen Bratpfanne erhitzen. Wenn das Öl heiß ist, einen Esslöffel von der Mischung abnehmen und mithilfe eines zweiten Löffels in das Öl geben. Nicht zu viele Portionen auf einmal in die Pfanne geben: Vier oder fünf gleichzeitig sind genug, sonst kleben sie zusammen. Einige Minuten braten lassen. Wenn die Stückchen in sich fest wirken und von unten braun werden, wenden und noch einmal 2 bis 3 Minuten von der anderen Seite braten.

Wir servieren die frittierten Zucchini gern mit einer Minz- oder Knoblauch-Raita oder einer frischen Tomaten-Salsa.

Alicia Millers gebratene Tomaten mit »Tunke«

Die Frau meines Cousins Nathan, Alicia, kommt aus New Mexico. Nach einem Tag voller Arbeit in den Folientunneln der Warborne Farm bereitete Alicia immer die großen, festen Fleischtomaten der Sorte »Brandywine« zusammen mit einer »Tunke« zu. Das war ein perfektes Trostessen nach einem Tag harter Plackerei. Nicht gerade ein schönes Gericht, aber eine tolle Weise, die Tomate zum Mittelpunkt einer Mahlzeit zu machen, und viel, viel leckerer, als es aussieht. Alicia hat mir freundlicherweise erlaubt, das unten stehende Rezept weiterzugeben.

Sie sagt dazu: »Ich nenne dieses Essen ›holländischer Hungerleider-Mampf aus Pennsylvania‹, weil man es einfach nicht so auf den Teller kriegt, dass es einigermaßen schön aussieht! Die Vorfahren meines Vaters waren holländisch-deutsche Immigranten, die sich in Pennsylvania niederließen. Meine Mutter kochte dieses Essen oft, nachdem sie es bei meiner Großmutter, also ihrer Schwiegermutter, kennengelernt hatte.«

Die gebratenen Tomaten
—

Nimm so viele reife Tomaten wie du magst, je nachdem, für wie viele Personen du kochst.

Dieses Rezept ist sehr flexibel: Die Tomaten können fest oder weich oder kurz vor dem Verderben sein – wichtig ist nur, dass sie noch fest genug zum Schneiden sind. Zu labberig dürfen sie also auch wieder nicht sein!

Tomaten für eine Minute in kochendes Wasser tauchen, bzw. so lange, bis die Haut aufplatzt, damit sie sich einfach abpellen lässt. Tomaten in Scheiben schneiden und in Mehl wenden. Vorher das Mehl gut mit Salz und Pfeffer würzen.

Tomaten bei mittlerer Hitze in einer Mischung aus Butter und Öl braten, dabei 1 bis 2-mal wenden. Die Tomaten sollten auf der Außenseite einigermaßen knusprig sein, innen jedoch weich (die Tomate selbst sollte also ihre Festigkeit verloren haben). Wenn du für mehr als zwei Leute kochst, musst du wahrscheinlich mehrere Fuhren machen. Beim Braten noch einmal Butter und Öl ergänzen – nicht gerade ein fettarmes Essen.

Die fertigen Tomaten in eine Schüssel geben. Das Ganze ergibt eine Tomatenpampe mit einem Rest Struktur – das soll so sein, die Tomaten müssen in der Schüssel ihre Form nicht halten!

Die »Tunke«

Mach eine einfache weiße (Béchamel-)Soße:
2 EL Butter
2 EL Mehl
1 Tasse Milch
(Nimm die doppelte Menge, wenn du für mehr als zwei Personen kochst.)

Butter bei mittlerer Hitze schmelzen lassen, das Mehl hinzufügen und die Masse unter ständigem Rühren aufkochen lassen.

Topf vom Herd nehmen und Milch hinzufügen. Dabei mit dem Schneebesen so lange schlagen, bis sich die Butter-Mehl-Masse ohne zu klumpen mit der Milch verbunden hat. Sanft köcheln lassen, bis die Soße eingedickt ist. Wenn sie zu dick geworden ist oder verlängert werden soll, einfach noch einen Schuss Milch hinzufügen und alles etwas länger kochen lassen. Nach Geschmack großzügig mit Pfeffer und Salz würzen.

Nun die Tomatenpampe dazugeben und mithilfe eines Schneebesens vorsichtig unter die Soße heben, sodass die Konsistenz der Tomaten nicht komplett verloren geht.

Alicia empfiehlt dazu Kartoffelbrei: »Dann ist es das ultimative Trostessen! Die Tomatentunke mit Kartoffelbrei ist einfach super lecker!«

Hugh Fearnley-Whittingstalls
Erbsen-Salat-Liebstöckel-Suppe

Ich habe einmal für kurze Zeit im Garten des »River Cottage« gearbeitet. Der leidenschaftliche und wortgewandte Hugh F-W hatte sich vorgenommen, den Leuten beizubringen, dass leckeres und nachhaltiges Essen sich am besten mit frischen Zutaten aus der Umgebung zubereiten lässt.

Ich mag dieses Rezept, weil es hinterfragt, wie wir über eines unserer wichtigsten Gemüse denken. Salat wird immer mit Sommersalat in Verbindung gebracht, dabei ist er in Wirklichkeit ein winterfestes Gemüse, das fast das ganze Jahr über angebaut werden kann. Diese Suppe passt zu jeder Jahreszeit, sie kann kochend heiß oder gekühlt serviert werden. Ich ersetze die Erbsen mit Erbsensprossen (die genauso gezogen werden wie Sommersalate).

Für 4 Personen

Zutaten
1 mittelgroße Zwiebel, gehackt
Butter oder Olivenöl
250 g Erbsen (*ohne Schoten*)**, frisch oder tiefgekühlt,
    oder Erbsensprossen**
1 großer Romanasalat oder 2 große Kopfsalate
    (*oder die äußeren Blätter von mindestens 4 Gartensalaten*)
1 l guter Hühner- oder Gemüsefond
5 oder 6 frische Liebstöckelblätter
    (*und ein paar zusätzliche zum Garnieren*)
    oder 3 oder 4 Zweige frischer Estragon
Salz und Pfeffer

Die Zwiebeln in etwas Butter oder Öl anschwitzen, bis sie weich sind, dann Erbsen und Salatblätter dazugeben.

Mit zwei Dritteln des Suds angießen, zum Kochen bringen und 4 bis 6 Minuten sanft köcheln lassen.

Vom Herd nehmen und Liebstöckelblätter oder Estragon hinzufügen. Dann die Suppe mit einem Pürierstab oder im Mixer pürieren. Entscheide selbst, wie stark du die Suppe pürierst, sie schmeckt sowohl wenn sie sehr glatt ist als auch mit kleinen Stückchen. Mit dem restlichen Fond kann die Suppe nach Belieben verdünnt werden. Nach Geschmack würzen.

Mit Liebstöckel, Estragon oder Erbsensprossen garnieren.

Heiß oder kalt servieren. Beim Wiederaufwärmen sollte die Suppe nicht noch einmal kochen.

*Rezept mit freundlicher Genehmigung
von Hugh Fearnley-Whittingstall.*

Dreieckskrabben-Linguine mit Rucolablüten und Petersilie vom Cardigan Bay

Als ich in Wales lebte, gab es dieses tolle Gericht während der Krabbensaison jede Woche. Es galt in Westwales als günstiges Hauptgericht, weil die wichtigste Zutat dafür die Nudeln waren. Die Gewässer dort werden gerade von den Dreieckskrabben erobert, sie sind also vorerst reichlich vorhanden und »wachsen« sogar nach – momentan gibt es jedenfalls im Meer noch jede Menge davon.

Für 4 oder 5 Personen

Zutaten
Das weiße Fleisch von zwei großen Dreieckskrabben
500 g Linguine
2 EL Olivenöl
3 Knoblauchzehen, gehackt
1 halber TL getrocknete Chiliflocken
1 EL gehackte glatte Petersilie
1 Handvoll Rucola und Rucolablüten
abgeriebene Schale von einer halben unbehandelten Zitrone
Salz und frisch gemahlener schwarzer Pfeffer

Das gesamte weiße Fleisch aus den beiden Krabben holen. Es befindet sich hauptsächlich in den riesigen Beinen und Zangen. Zum Aufbrechen der Schale nehme ich ein Nudelholz oder einen Stein. Das Ausnehmen kann ein bisschen knifflig sein, aber das Ergebnis ist es allemal wert.

In einem großen Topf Wasser zum Kochen bringen, gut salzen und die Linguine darin al dente kochen. In der Zwischenzeit das Olivenöl in einem Topf erwärmen und den Knoblauch darin anschwitzen, bis er nicht mehr hart ist. Dann Chili hinzufügen. Bevor der Knoblauch sich verfärbt, Krabbenfleisch dazugeben und gut durchbraten. Nach Geschmack würzen, gegebenenfalls mehr Chili und Zitronenschale nehmen. Zum Schluss kommen Petersilie und Rucola dazu. Pasta abtropfen lassen, zurück in den Topf geben und die Krabbenmischung darüber gießen. Den Topf leicht schwenken und alles sofort servieren.

Hugh Corbins Makrele mit Sommergemüse

Ein guter Sommer schenkt einem nicht nur das junge, süße Gemüse aus dem Garten. Mit ein bisschen Glück spenden uns die salzigen Gewässer der hiesigen Ufer auch noch eine reiche Makrelenernte. Dieses Rezept ergibt ein wundervolles würziges Sommergericht.

Für vier Personen

Zutaten

- 75 ml Olivenöl
- 1 mittelgroße Zwiebel, in Scheiben geschnitten
- 2 oder 3 Karotten *(150–200 g)*, in Scheiben geschnitten
- 1 Zweig frischer Thymian, gehackt
- 1 großer Zweig Petersilie, fein gehackt
- 200 g Buschbohnen, geputzt
- 2 mittelgroße Tomaten, geschält, entkernt und gehackt
- 2 EL Kapern oder eingelegte Kapuzinerkresseschoten (siehe Seite 136)
- 4 geangelte Makrelen, ausgenommen – ganz oder filetiert
- 2 EL feines Mehl
- Salz und Pfeffer, nach Geschmack

Etwa die Hälfte des Olivenöls in einem großen, flachen und schweren Topf erhitzen. Zwiebeln, Karotten, Thymian und Petersilie hinzufügen und bei niedriger Hitze 5 Minuten lang anbraten. Die Bohnen dazugeben und unter ständigem Rühren noch einmal 15 Minuten köcheln lassen. Dann die Tomaten und Kapern hinzufügen. Noch einmal 5 Minuten kochen lassen, bis all die herrlichen Aromen zu einem Ganzen verschmolzen sind.

Die Makrelen dünn mit Mehl bestäuben und das überschüssige Mehl abschütteln. Das restliche Öl in einer Pfanne erhitzen und die Makrelen darin braten, bis sie goldbraun sind und ihr Fleisch weich ist. Mit einem Schaumlöffel aus der Pfanne heben und auf das Gemüse legen. Nach Geschmack würzen.

Sofort mit einem knackigen grünen Salat und knusprigem Brot servieren. Auch kalt ein Hochgenuss.

DIE ERNTE GENIESSEN

Gartentomatensoße aus »Fields of Plenty«

Dieses Rezept ist die Variante eines Rezepts aus Michael Ablemans »Fields of Plenty«, einem wunderschönen Buch über bäuerliche Familienbetriebe in Nordamerika. Michael war daran beteiligt, die »Fairview Gardens« aufzubauen, eine 12 Morgen große Oase in der Vorstadt-Betonwüste von Santa Barbara. Fairview ist die letzte Bastion einer Gegend, die einst mit tiefen, fruchtbaren Böden und reichen Ernten gesegnet war. Durch meinen Besuch dort ist mir klar geworden, wie viele Vorteile es hat, Nahrung in unmittelbarer Nähe der Menschen anzubauen, die sie brauchen.

Mit dieser Soße kannst du deine reifsten und unvollkommensten Tomaten aufbrauchen. Das Rezept ist einfach und basiert ganz auf den guten Zutaten: Selbstgezogene Tomaten, Olivenöl und frische Kräuter. Du kannst die Soße in einzelnen Portionen einfrieren – und dich auf einen winterlichen Tomaten-Flash freuen. Die Soße kann auch für Pizza, Pasta und viele andere Gerichte verwendet werden.

Für ca. 950 ml

Zutaten

2 kg reife, duftende Tomaten, gehäutet, entkernt und in 1 cm große Spalten geschnitten
6 EL natives Olivenöl extra
1 mittelgroße Zwiebel, in Scheiben geschnitten
1 mittelgroße Karotte, längs halbiert und quer in dünne Scheiben geschnitten
Salz nach Geschmack
Chiliflocken, nach Geschmack (*können auch weggelassen werden*)
5 Knoblauchzehen, gehackt
1 Büschel frisches Basilikum gehackt (*kann durch frischen Majoran oder Oregano ersetzt werden*)

Die Tomaten in heißes Wasser tauchen, damit sich die Haut löst. Nach dem Abkühlen schälen und hacken. Die Tomatenschale kann auf dem Kompost entsorgt werden.

Einen großen, schweren Soßentopf bei mittlerer Hitze aufs Feuer stellen. Drei Esslöffel Olivenöl, die Zwiebeln und Karotten dazugeben und mit Salz und Chiliflocken (wenn gewünscht) würzen. Zugedeckt 1 Minute kochen lassen, dann die gehackten Tomaten zugeben und gut umrühren, damit sich alle Zutaten gut vermischen. Mit Salz (etwa eineinhalb Teelöffel) abschmecken. Den Topf noch einmal abdecken und alles für 30 Minuten bei mittlerer Hitze kochen lassen. Basilikum hinzufügen und weitere 5 Minuten kochen.

Nun die restlichen 3 Esslöffel Olivenöl unterrühren (Menge nach Belieben). Wenn die Soße noch zu sauer schmeckt, gib eine Prise Zucker dazu, wenn sie zu süß ist, einen Tropfen Rotweinessig. Falls dir die Soße zu dünn vorkommt, kannst du sie bis auf die gewünschte Konsistenz einkochen lassen.

Rezept mit freundlicher Genehmigung von Michael Ableman.

Süße Bete-Relish von »Pea Green Boat«

Dieses köstliche Relish ist im Chutney-Team von »Pea Green Boat« ein Stammspieler. Es schmeckt süß und erdig und fängt den Geschmack der Roten Bete voll ein. Außerdem ist es sehr vielseitig und passt zu Salaten, Sandwiches, Aufschnitt, Fleisch, Schottischen Eiern, Käse …, die Liste ist lang.

Für acht 200-g-Gläser

Zutaten

1 kg Rote Bete
5 große Knoblauchzehen
50 ml Olivenöl
1 Dose gehackte gemischte Tomaten (*wenn du gerade schöne Tomaten im Überfluss hast, kannst du auch ein Püree herstellen, indem du gebratene Tomaten durch ein Sieb streichst*)
200 g rote Zwiebeln, fein gehackt oder geraspelt
150 g geraspelte Radieschen
125 ml Rotweinessig
60 ml Balsamicoessig
250 g Kristallzucker

Ofen auf 180 °C vorheizen (Gasherd: Stufe 4). Die gewaschene Rote Bete 1 bis 1,5 Stunden als Ganze auf einem Blech backen, bis sie weich ist und ihre Haut Blasen wirft. Abkühlen lassen, dann pellen. Wenn man ein bisschen reibt, sollte die Haut ziemlich leicht abgehen. Die Rote Bete grob raspeln.

Den Knoblauch pressen oder fein hacken und zusammen mit dem Olivenöl in einen großen Topf geben. Das Öl erhitzen und das Knoblaucharoma einige Minuten lang einziehen lassen. Vorsichtig rühren, damit der Knoblauch nicht anbrennt.

Nun die Tomaten, Zwiebeln und Radieschen, die beiden Essigsorten und den Zucker hinzufügen. Rühren, bis sich der Zucker aufgelöst hat. Zum Kochen bringen und zehn Minuten lang köcheln lassen. Die geraspelte Rote Bete dazugeben und weitere 10 Minuten kochen, bis die Mischung eingedickt ist. Das heiße Chutney in warme sterile Gläser gießen. Gläser sofort fest verschließen.

Innerhalb eines Jahres aufbrauchen. Geöffnet im Kühlschrank aufbewahren.

7
Wachsen und wachsen lassen

WACHSEN UND WACHSEN LASSEN

Ein Stück Land zu bearbeiten, gilt in unserer Gesellschaft als etwas, das sehr weit weg von Kultur und Kreativität ist. Mit der Industrialisierung wurde die Artenvielfalt durch Monokulturen ersetzt, und an die Stelle von Menschen rückten Maschinen. Die Kluft zwischen uns und dem Land, das uns ernährt, wird größer. Das System ist effektiv, aber die versteckten Kosten sind immens.

Die Arbeit ist manchmal sehr schwer und man kann sich ziemlich klein vorkommen in einem System, das für diese Tätigkeit wenig Anerkennung und Lohn bereithält. Aber es gibt da auch die andere Seite: Die Augenblicke des Staunens über die Schönheit, die einen umgibt; die Freude darüber, dass man jede Kleinigkeit im Prozess des Lebens so genau miterleben darf. Meine besten Gedanken habe ich, wenn ich in einem stetigen Rhythmus arbeite, an einem Ort, an dem ich ganz in die Natur eintauchen kann. Der Gedanke ist verlockend, dass man zur Befreiung der Menschen nur die Notwendigkeit der harten, monotonen Arbeit überwinden müsste, sodass sie glücklichere, intellektuellere und kreativere Wesen werden könnten. Es stimmt: Ein Gleichgewicht muss gewahrt bleiben, aber körperliche Arbeit kann auch eine Bindung schaffen, und Bindungen sind zentral, wenn es darum geht, lebendige Erfahrungen zu machen. Wenn ich körperlich arbeite, schlafe ich gut, habe Appetit, und meine Sorgen schwinden dahin.

Landwirtschaft ist der Grundstein der menschlichen Zivilisation, und ich finde, man sollte sie nicht als etwas betrachten, das von unserem geistigen Leben abgetrennt ist. Wir sind nicht von der Natur abgetrennt. Die Verbindung spüren wir Menschen immer dann, wenn es um Nahrung geht.

Eine Anmerkung zu biologischen Anbaumethoden

Als meine Eltern nach Wales zogen, suchten sie nach einer Anbaumethode, in der das Land pfleglich behandelt wurde und man möglichst viele Ressourcen wiederverwenden konnte. Nur eine solche Methode war aus ihrer Sicht zukunftsfähig. Ihre Suche führte dazu, dass sie zusammen mit anderen eine Reihe von Grundsätzen ausarbeiteten, mit deren Hilfe eine solche Methode auf sichtbare Weise in die Tat umgesetzt werden konnte. Die Öko-Bewegung versuchte, die Menschen in die Lage zu versetzen, ihren Umgang mit der Natur und das, was sie aßen, selbst zu bestimmen. In ihrer Minimalvariante sind diese Grundsätze das, was wir heute als Prinzipien des biologischen Landbaus kennen.

Was wir in unseren Boden tun, wirkt sich auf das aus, was wir in unseren Körper aufnehmen. Meine Eltern hatten verstanden, dass der Boden eine zentrale Rolle dabei spielte, die Gesundheit des Ganzen zu erhalten. Egal welche verschiedenen Gestalten »bio« inzwischen angenommen hat, ich komme immer wieder auf diese Verbindung zwischen Boden, Körper und Umwelt zurück. Wir neigen dazu, die Welt in ihre

Einzelteile zu zerlegen, um sie zu verstehen, aber das birgt die Gefahr, dass wir den Sinn für die größeren Zusammenhänge und für die Art, wie wir miteinander verbunden sind, verlieren.

Der Boden ist eine Ressource, mit der wir auf fundamentale Weise verbunden sind. Er ist die Quelle fast aller unserer Nahrungsmittel. Der Boden muss auf eine Weise fruchtbar gehalten werden, die ihn auch für die Zukunft schützt. Ihn dadurch zu ernähren, dass man ihm chemischen Stickstoffdünger zusetzt, ist alles andere als nachhaltig, aber unsere konventionelle Landwirtschaft verlässt sich immer noch viel zu sehr auf diese Methode. Sie verschmutzt dadurch die Umwelt und verschwendet in rasendem Tempo die Ölvorräte der Erde.

Biologische Anbaumethoden nehmen die Sorge für den Boden als Ganzes in den Blick, anstatt schnelle Lösungen zu suchen, die viele Gefahren in sich tragen und krank machen können. Boden muss genährt werden, sonst nimmt er Schaden oder geht durch Verdichtung, Verschmutzung, Erosion oder Versalzung ganz verloren. In Großbritannien laufen wir Gefahr, wegen solcher landwirtschaftlicher Methoden fünf Tonnen Ackerkrume pro Hektar und Jahr zu verlieren. Das ist eine Verschwendung unserer Bodenreserven: eines Erbes, das über Tausende von Jahren wachsen musste. Wir verprassen ein Geschenk, das nicht nur für uns gedacht war.

Kohlenstoffsenke

Das andere Geheimnis unseres scheinbar so schlichten Bodens lautet: Er ist eine gewaltige Kohlenstoffsenke und speichert mehr Kohlenstoff als unsere Ozeane. Die Bestellung des Bodens führt zur Oxidation von Kohlenstoff, was zum Klimawandel beiträgt. Biologische Systeme versuchen, die Freisetzung von Kohlenstoff zu verringern und sich darauf zu konzentrieren, dem Boden Kohlenstoff zurückzugeben (in Form von organischer Materie, also von Kompost und Pflanzen). Wenn wir so handeln, können wir den Klimawandel verlangsamen, und wir verbessern außerdem die Struktur und Fruchtbarkeit dieser lebensnotwendigen Ressource. Das hört sich vielleicht alles ziemlich kompliziert an, und du magst dich fragen: »Was hat das mit mir und meinen Beeten zu tun?« Es geht einfach darum, dass wir uns über unseren Platz in einem größeren System bewusst werden, und das ist zu jeder Zeit und an jeder Stelle möglich. Wenn wir in unseren Gärten Gemüse ernten, können wir an den Kreislauf von Geben und Nehmen denken: Organischen Abfall zu kompostieren heißt, ihn in etwas Nützliches zurück zu verwandeln.

Spezialisierung und Entfremdung

In einer Welt, die uns zunehmend von unseren Nahrungsquellen entfremdet, ist der Kauf von zertifizierten Bioprodukten ein Weg, die Systeme, die wir unterstützen, mit zu beeinflussen. Anders als »frisch« oder »lokal« ist »bio« ein juristischer Begriff: Es ist genau geregelt, unter welchen Bedingungen er benutzt werden darf. Dass es überhaupt die Notwendigkeit gibt, juristisch festzulegen, was »biologisches« Essen bedeutet, zeigt aber auch, wie weitgehend wir die Entfremdung von unseren Nahrungsmitteln akzeptiert haben.

Wir alle können diese Trennung infrage stellen und die Verbindung zur Produktion unserer Nahrung wieder aufnehmen, indem wir den Kontakt zu lokalen Höfen und Erzeugern suchen und unser Einkaufsverhalten überdenken. Oder dadurch, dass wir einen Teil unserer Nahrung selbst anbauen.

Das Schöne an Bauernmärkten, Biokisten und Solidarischer Landwirtschaft ist, dass man direkt mit den Erzeugern sprechen und Fragen stellen, oft sogar die Höfe besuchen kann. Ich halte es mit Woody Guthrie: »This land is your land, this land is my land«. Wir alle tragen Verantwortung, und manchmal haben wir mehr Macht, als wir glauben. Bei jeder Mahlzeit, die wir zu uns nehmen, können wir auch darüber entscheiden, wie pfleglich das Land, auf dem sie angebaut wurde, behandelt werden soll.

Im Grunde geht es um Wissen. In unserer schwer zu durchschauenden Welt stellen sich zahlreiche Fragen: Wer produziert die Nahrungsmittel? Wie werden die Arbeiter behandelt? Vielleicht ist das Produkt biologisch erzeugt worden, aber woher kommt es, und was schließt es ein? Unfaire Löhne, den Gebrauch von großen Wassermengen, von Flugzeugen, Kühlschränken und zentralisierten Lagerhallen? Und was passiert mit den Produkten, die nicht verkauft werden? Landen sie auf dem Müll?

Der Einkauf auf Bauernmärkten oder das regelmäßige Bestellen einer Biokiste können dazu beitragen, die Grenzen niederzureißen, die uns den Einfluss darauf verwehren, wie und wo unser Essen produziert wird. Mit dem Selbstanbau gehen wir noch einen Schritt weiter.

DIE ZEHN GEBOTE DES GEMÜSEGÄRTNERS

1. Vielfalt erhält die Gesundheit.
2. Vielfalt macht widerstandsfähig.
3. Denk an den Kreislauf von Geben und Nehmen: Nährstoffe kompostieren und wiederverwerten!
4. Denk an die Zukunft: In den Boden investieren und für die nächste Saison aussäen!
5. Beobachte die Natur: Das Lernen kommt mit dem Tun.
6. Nimm das, was da ist: Abfall wiederverwerten und vorhandene Ressourcen nutzen!
7. Pass dich an deine Umwelt an: Sowohl an die Vorteile als auch an die Nachteile!
8. Wasser ist Leben: Seinen Wert nutzen und bewahren!
9. Nähre deinen Boden, und er wird dich ernähren.
10. Essen ist der Weg zu den Herzen der Menschen.

Seitentriebe

NACHBARPFLANZEN

Manche Pflanzen gedeihen besser, wenn sie neben bestimmten anderen gezogen werden. Hier ein paar bewährte Kombinationen.

Zur optimalen Platzausnutzung:
Tomaten mit Basilikum (unter einer Abdeckung).
Gurken mit Dill.
Zucchini mit kletternden Stangen- oder Buschbohnen – Zucchini eignen sich außerdem gut zur Abdeckung des Bodens, wodurch das Unkrautwachstum eingedämmt wird.

Zur Schädlingsbekämpfung und zum Anlocken von Bestäubern:
Tomaten mit Tagetes (Studentenblumen) – weil ihr Geruch die Mottenschildlaus abhält.
Kapuzinerkresse – wenn du sie in die Ecken deiner Gemüsebeete pflanzt, locken sie die Schwarze Bohnenblattlaus und andere Schädlinge von deinen Pflanzen weg.

Zur Gründüngung:
Weißklee und Rotklee mit Tomaten, Paprika, Auberginen, Gurken, Zucchini, Grünkohl und Brokkoli *Purple Sprouting* – diese niedrig-wachsenden Gründüngungen verhindern nicht nur Unkrautwachstum, sondern binden auch Stickstoff und bilden eine feuchtigkeitserhaltende Mulchdecke.

Wenn du dein Gemüse abgeerntet hast, arbeite den Weißklee und den Rotklee unter die Erde, damit sie Stickstoff und organische Materie erhält. Alle Pflanzen, die hier später wachsen, werden davon profitieren. Du kannst den Klee aber auch über den Winter als Bodenabdeckung stehen lassen. Er wird dann im Frühling, wenn die Temperaturen steigen, wieder anfangen, Stickstoff zu binden.

GARTENKALENDER

Wann aussäen und anbauen
Die folgenden Ratschläge sind nicht unumstößlich. Die Umgebung, in der du lebst, und die jeweiligen Wetterbedingungen führen dazu, dass jeder Garten und jedes Anbaujahr einzigartig ist. Im Folgenden findest du bei manchen Pflanzen Nummern: Diese Pflanzen sollten aufgrund ihres kurzen Wachstums- und Lebenszyklusses mehrmals hintereinander ausgesät werden, wenn man kontinuierlich ernten möchte. Andere Arten braucht man nur einmal auszusäen. Wenn ich »unter einer Abdeckung« schreibe, meine ich damit, dass man diese Pflanzen in Saatkisten in der Wohnung oder in einem Gewächshaus aussäen sollte.

Februar
Anfang: 1. Kopfsalat, 1. Rucola säen, unter einer Abdeckung.
Mitte: Tomaten in der Wohnung aussäen (* brauchen Wärme, siehe folgende Seite). Versuche, die Tomatensamen um den Valentinstag herum in die Erde zu bekommen.
Ende: 1. Spinat säen, unter einer Abdeckung, Saubohnen säen (von nun an alle drei Wochen bis Mitte März).

März
Anfang: 1. Rote Bete, 1. Stielmangold, 1. Blattmangold, 1. Petersilie, 1. Koriander, 1. Kerbel, 1. Dill säen, alle unter einer Abdeckung. Basilikum säen (*braucht Wärme).
Mitte: 2. Kopfsalat, 2. Saubohnen säen, Thymian und Majoran säen, 1. Buschbohnen säen.
Ende: Stecklinge von Rosmarin und Salbei ziehen.

April
Anfang: 2. Spinat säen, unter einer Abdeckung.
Mitte: Gurken in der Wohnung aussäen, Zucchini säen (brauchen Schutz vor Frost).

Mai
Anfang: 2. Rote Bete säen.
Mitte: 2. Buschbohnen säen.

Juni
Anfang bis Mitte: 2. Stielmangold, 2. Blattmangold, 2. Petersilie, 2. Kerbel, 2. Dill, 2. Koriander säen.

Juli
Anfang: 3. Rote Bete, 3. Kopfsalat, 1. Endivie, 1. Chicorée, Brokkoli *Purple Sprouting* und Grünkohl säen.
Mitte: 3. Buschbohnen säen.

August
Anfang: 3. Stielmangold, 3. Blattmangold, 3. Spinat säen.
Anfang bis Mitte: 1. Wintersalat, 3. Dill, 3. Petersilie, 3. Kerbel und 3. Koriander säen.
Ende: 4. Buschbohnen säen.
Alle August-Aussaaten gedeihen am besten draußen unter einer Abdeckung oder in einem Gewächshaus.

September
Anfang: 4. Kopfsalat säen.

Nach dieser Zeit sinken die Temperaturen und es lohnt sich bis Anfang Februar nicht mehr, etwas auszusäen. Ein Ausnahme sind Saubohnen: Sie können noch im November ausgesät werden (siehe Anmerkung auf Seite 96).

Auf jedem freigeräumten Boden, in dem sich keine Pflanzen mehr befinden, kann man über den Winter Gründüngungen aussäen (siehe Seite 117). Die meisten Gründüngungen sollten im frühen September gesät werden, damit sie sich gut einleben können, bevor es zu kalt wird. Wenn du dieses Zeitfenster verpasst, ist Roggen eine gute Möglichkeit, denn er kann noch von Anfang bis Mitte Oktober ausgesät werden.

Pflanzen, die mit einem Sternchen versehen sind (*) brauchen zum Keimen eine relativ konstante Wärme, also Temperaturen um die 20 Grad, mindestens aber 16 Grad. Sie können einige Temperaturschwankungen überstehen, doch besonders nachts sollte die Temperatur wirklich nicht unter 16 Grad fallen. Diese Pflanzen müssen also in der Wohnung gezogen werden, oder man stellt sie auf eine spezielle Heizmatte. Die anderen Pflanzen brauchen die Wärme nicht unbedingt, obwohl auch sie bei etwas höheren Temperaturen besser gedeihen. Unbedingt aber müssen sie vor Frost geschützt werden.

Die jeweiligen Termine für die erste Aussaat sind grobe Anhaltspunkte. Um das Wachstum der jeweiligen Samen von nun an zu fördern, muss ausreichend Helligkeit aus Tageslicht vorhanden sein.

Die andere Hauptvariable, die das Pflanzenwachstum beeinflusst, ist die Wärme. Wenn man seine Pflanzen im Gewächshaus aussät, bietet ihnen das einen gewissen Schutz vor Kälte. Doch auch hier kann der Frost die jungen Setzlinge angreifen. Wenn du in deiner Wohnung aussäen kannst, fällt dieses Problem weg – dafür hast du hier weniger Licht. Es ist also ein Balance-Akt zwischen diesen beiden Grundbedürfnissen der Pflanze. Wer Samen früh aussät, kann auch früh ernten. Wenn der Frühling aber ungewöhnlich kalt ist oder es späte Fröste gibt, ist das Risiko groß – außer du hast die Möglichkeit, die Setzlinge in ein Gewächshaus zu pflanzen, sie mit Gartenvlies oder Luftpolsterfolie abzudecken oder mit dem Umsetzen einfach noch zu warten, bis die Temperaturen steigen.

Solche Unvorhersehbarkeiten können frustrierend sein, aber wir kommen auf diese Weise in direkten Kontakt mit den Elementen und der Natur, die uns umgibt. Wenn alles wie in einem Labor gesteuert wäre (es gibt inzwischen Gewächshäuser, in denen so etwas möglich ist!), würde ich etwas vermissen: Etwas von der Aufregung, dem Bauchgefühl, der Verbundenheit und den spontanen Abwandlungen fiele einfach weg. Es gibt im Kalender nicht das eine richtige Datum zum Säen, weil jede Umgebung und jedes Jahr anders ist.

QUELLEN

Nützliche Bücher

Zur Information:
Mimi Beaven, Anja Dunk, Jen Goss:
Einmachen, Tempo, Hamburg 2018.

Charles Dowding:
Gemüsegärtnern wie die Profis,
blv, München 2013.

Marie-Luise Kreuter:
Der Biogarten, blv, München 2016.

Alice Waters:
The Art of Simple Food, Prestel,
München 2014.

Zur Inspiration:
Rachel Carson:
Der stumme Frühling, C. H. Beck,
München 2017.

Masanobu Fukuoka:
Der große Weg hat kein Tor,
pala-verlag, Darmstadt 2015.

Ernst Friedrich Schumacher:
Small is beautiful. Die Rückkehr
zum menschlichen Maß, Oe-
kom-Verlag, München 2013.

John Seamour:
Wir ziehen hinaus aufs Land,
Ehrenwirth, München 1979.

Dokumentarfilme

Taggart Siegel:
Farmer John – Mit Mistgabel
und Federboa, 2005.

Robert Kenner:
Food, Inc. 2008.

Nützliche Webseiten

Zur Information:
garten-des-lebens.de
biologisch.de
grüneliebe.de
gartenkollektiv.de
nachhaltigleben.ch
biofair-vereint.de
solidarische-landwirtschaft.org

Für Saatgut:
ackerhelden.de
bingenheimersaatgut.de
samenfest.de

Zur Inspiration:
dolectures.com
wwoof.de
tress-gastronomie.de
sinnes-rausch.net
good-bank.de

Über mich

Meine Laufbahn als Gärtnerin begann durch einen glücklichen Zufall im brütend-heißen Sommer des Jahres 2003. Nach der Uni war ich ungebunden und unsicher und wusste noch nicht genau, was ich beruflich machen wollte. Als Notlösung ging ich zurück zu der Farm, auf der ich aufgewachsen war. Man suchte dort Leute, die dabei halfen, die Karotten vom Unkraut zu befreien, und eine Nachbarfarm in Blaencamel brauchte Unterstützung bei der Ernte. Ich lud vier enge Freunde ein, mich zu begleiten – sie standen an einem ähnlichen Scheideweg in ihrem Leben. Was ich zu dieser Zeit nicht erkannte, war, dass meine Eltern 30 Jahre zuvor exakt die gleiche Reise angetreten hatten.

Während dieser Monate bescherte mir die Kombination aus Freunden, Feldarbeit und Sommerwärme eine ganz besondere Zufriedenheit. Es war ein glückliches Leben mit harter Arbeit, gutem Essen und in der Gesellschaft von Menschen – an einem Ort, den ich liebte. Als ich einmal nach der staubigen Arbeit eines langen Nachmittags neben den Folientunneln stand, kam mir zum ersten Mal der Gedanke, dass dieses Leben für mich vielleicht mehr war, als eine Brücke zwischen dem Studium und der »echten« Arbeitswelt.

Am Anfang mag sich mein Weg zurück nach Hause wie ein Rückschritt angefühlt haben, aber die Jahre in denen ich fort gewesen war halfen mir nun, die Dinge mit neuen Augen zu betrachten. Was wünschte ich mir von meinem zukünftigen Beruf? Immerhin wusste ich, dass ich etwas machen wollte, das der Erde und den Menschen wirklich nützte. Hier, in meinem Elternhaus, stolperte ich darüber, genau dort, wo ich einmal losgegangen war.

Das war also der Anfang meiner Reise als Landwirtin und Gärtnerin. Sie ließ mich gegen den Strom meiner eigenen Generation schwimmen, die scharenweise das Land verlassen hatte, und sie führte mich an einige interessante Orte – romantische und furchtbar trostlose. Von den Wäldern von Vancouver Island bis zu meinen zwei Jahren in einer Jurte in einem Dorf in den Cotswolds. Manchmal war es sehr hart – sowohl die körperliche Arbeit als auch der Blick der Gesellschaft auf mich, die mich nun automatisch für ein irgendwie schlichtes Gemüt hielt. Aber zehn Höfe später stehe ich noch immer aufrecht, und ich liebe meinen Beruf! Ich hoffe, dass dieses Buch dir zeigt, dass du kein Experte sein musst, um zu erfahren, wie schön es ist, etwas selbst anzubauen, zu ernten und zu kochen.

Bevor ich das ländliche Wales in Richtung London verließ, hatte ich das Bedürfnis, das, was ich gelernt hatte, mitzunehmen. Ich habe viel Glück gehabt und arbeite nun bei *Growing Communities*, einem preisgekrönten sozialen Unternehmen in Hackney, das Biokisten, Bauernmärkte und Stadtgärten betreut. Im Moment bin ich Chefgärtnerin auf der vier Morgen großen *Starter Farm* in Dagenham, East London.

Inzwischen wird mein Abendessen wieder von dem bestimmt, was draußen gerade wächst. Es gibt keinen Grund, von dieser Logik abzurücken, nur weil ich weniger Platz habe. Eins weiß ich sicher: Wenn ich nicht aufhöre zu gärtnern, habe ich immer die Nahrung, die ich brauche, denn auch das kleinste Gemüsebeet zu pflegen, bedeutet, mich selbst zu nähren.

Mit der Entscheidung zwischen Stadt- und Landleben habe ich sehr gerungen. Das ist meine Art, die tiefe Kluft infrage zu stellen. Ich hoffe, du konntest an meiner Ernte teilhaben.

Alice Holden   Frühjahr 2013

Bwlchwernen Fawr, Sommer 2003

Dank

Zuerst und vor allem danke ich David und Clare Hieatt, dass sie mir an jenem Tag ihre Äpfel angeboten und mir ein wundervolles walisisches Zuhause geboten haben.

Dieses Buch wäre ohne Miranda Wests Zuversicht und harte Arbeit nicht zustande gekommen. Danke, dass du mir Deadlines gesetzt hast, und entschuldige, dass ich sie nicht immer einhalten konnte. Dank auch an Nick Hand für die schönen Fotos und die vielen Mitfahrgelegenheiten. Und an den Gestalter Wilf Whitty und die Illustratorin Millie Marotta.

Ich bin folgenden Landwirten und Landwirtinnen, Gärtnerinnen und Gärtnern dankbar: Will Johnson, Pete Richardson, Anthony Hinks, Steven Caroll, Lyn Phillips, Pete Fox, Rupert Hugh-Jones, Nathan Richards, Anne Evans, Peter Seggar, Mike Brook, Iain Tolhurst, Michael Ableman und Charles Dowding – für ihre Leidenschaft und die Offenheit, mit der sie mich an ihrem Wissen teilhaben ließen.

Dank auch den Köchen: Dan und Becky May, Darina Allen, Hugh F.-W., Michael Ableman, Sian Tucker, Anja Fforest Dunk, Alicia Miller und Maddy, Pam und Hugh Corbin. Sie alle haben mir erlaubt, in diesem Buch einige ihrer Rezepte weiterzugeben.

Vielen Dank an Patricia Ross, Amani Omejer, Garfield Lindsay Miller, das Fforest-Team, Familie Corbin und die Einwohner von Coleshill – besonders Tom dafür, dass er ein »Farmitect« geworden ist.

Danke an Nick Rebbeck und meine Freunde, mit denen das Landleben in jenem wunderschönen Sommer so viel Spaß gemacht hat.

Und schließlich, Mum und Dad, bin ich euch dankbar, dass ihr vor 40 Jahren die Konventionen infrage gestellt und euch in Richtung Westen, nach Bwlchwernen, auf den Weg gemacht habt.

Register

Abfall, verwerten 32–36, 39, 116, 157, 159

Ballymaloe Kochschule 126f., 129f.
— Siehe auch Rezepte
Biologisch/Organisch
· Materie/Abfall 32–35, 39, 157, 161
· Methoden 155f.
Blüten, essbare 64, 81f., 94, 104–106
Boden/Erdboden 17f., 20, 24, 113
Bodensäure 39
Bohnen 12, 60, 92–95
— Siehe auch Rezepte
· Aussaat 93, 96
· Buschbohnen 60, 92–94, 97
· Ernte 94, 96
· Erste Hilfe 94f., 97
· Gartenkalender 162f.
· Gründüngung 38, 117
· Mischkulturen 93
· Nachbarpflanzen 95
· Saubohnen 60, 92, 94, 96f.
· Seelenverwandte 97
· Stangenbohnen 60, 92–94, 97
· Umpflanzen 93, 96

Coleshill 98, 101–103

Gartenkalender 162–164
Geduld 119f.
Gründüngungen 38, 114f., 117f., 161, 163
Gurken 12, 84–86
— Siehe auch Rezepte
· Erste Hilfe 85f.
· Gartenkalender 162
· Mischkulturen 60
· Nachbarpflanzen 85
· Tipps 85

Hochbeete 17, 19–23, 25f., 38, 105, 117
Humus 26, 35, 115
— Siehe auch Laubhumus

Karotten 12, 93, 118, 166
Kartoffeln 12, 91
Kohlenstoffsenke 156
Kompost 17f., 20, 24, 26, 29–39, 44, 74, 90, 97, 112, 116f., 120, 149, 157, 159
Kopfsalat 60, 69–71, 162f.
Kräuter
· Ein- und zweijährige: Petersilie, Basilikum, Koriander, Kerbel, Dill 12, 60, 66–68
· Winterharte (holzige): Salbei, Rosmarin, Thymian, Majoran 12, 60–63
Kräuterfeld, Milverton 64

Laubhumus 35, 45

Milverton, Kräuterfeld 64f.
Mulch 38, 110, 114, 117, 119, 161

Nachbarpflanzen 95, 161

Pflücken 118
Platz 11f., 16f., 21, 24f., 52f., 57, 60, 161
— Siehe dazu auch Angaben unter einzelnen Pflanzennamen
Probleme, häufige 17, 110–113

Rezepte
- Alicia Millers gebratene Tomaten mit Tunke 142 f.
- Chutney aus Grünen Tomaten 131
- Deutscher Rote Bete-Salat von Anja Fforest Dunk 140
- Dreieckskrabben-Linguine mit Rucolablüten und Petersilie vom Cardigan Bay 146
- Gartentomatensoße aus Fields of Plenty 148 f.
- Halb sonnengetrocknete Tomaten aus Ballycotton 132
- Hugh Corbins Makrele mit Sommergemüse 147
- Hugh Fearnley-Whittingstalls Erbsen-Salat-Liebstöckel-Suppe 144 f.
- Mein bestes Pesto 133
- Pams Kapuzinerkresse-Kapern 136
- Pam the Jam 134 f.
- Sian Tuckers frittierte Zucchini 141
- Süße Bete-Relish von Pea Green Boat 150 f.
- Süße eingelegte Gurken aus Ballymaloe 130
- Trees Can't Dance Gewürzgurken 137, 139
- Trees Can't Dance Scharfe Salsa Verde 138

Rote Bete 12, 60, 78 f.
— *Siehe* auch Rezepte
- Aussaat 79
- Ernte 79
- Erste Hilfe 79
- Gartenkalender 162 f.
- Umpflanzen 79

Salate 69–74, 87, 105, 163
— *Siehe* auch Rezepte, Sommersalate, Wintersalate

Samen 44–52, 54, 56 f.
- Anzuchterde 44 f.
- Direktsaat 47 f.
- Kaufen 45
- Kompost 44, 49
- Mischkulturen 56 f.
- Ort für Saatschalen 52 f.
- Saatschalen 49–53
- Sammeln 46 f.
- Schneidemethode (Stecklinge) 48 f.
- Sorten 46
- Tipps 48, 51
- Umpflanzen (Setzlinge) 54, 56

Schnecken 19, 47, 54, 71, 77, 85, 89, 94, 110 f.

Seetang 35, 36, 40

Seitentriebe 87, 89, 160

Sommersalate 12, 60, 69–71
- Aussaat 69
- Ernte 70
- Erste Hilfe 70
- Tipps 70
- Umpflanzen 69

Spezialisierung und Entfremdung 157

Spinat 12, 60, 75–78, 162 f.
— *Siehe* auch Stielmangold, Blattmangold und Spinat

Standort 17, 24, 47, 57
— *Siehe* auch Platz

Stielmangold, Blattmangold und Spinat 12, 75–77
— *Siehe* auch Rezepte
- Aussaat 76
- Ernte 76
- Erste Hilfe 77
- Tipps 77
- Umpflanzen 76

Tomaten 12, 60, 87, 89, 90f.
- — *Siehe* auch Rezepte
- · Aussaat 88
- · Ernte 88
- · Erste Hilfe 91
- · Gartenkalender 162
- · Nachbarpflanzen 90
- · Tipps 89f.
- · Umpflanzen 88

Top 10 60

Unkraut 16–18, 23, 33, 48, 54, 57, 81, 112, 117, 119f., 125, 166
Urin 36, 117

Verhältnis von Platz und Ertrag 12, 60 — *Siehe* auch Platz

Werkzeug, das wichtigste 18
Wetter 113
Wintergemüse 12, 60, 98–100
- · Aussaat 99
- · Ernte 99
- · Erste Hilfe 99
- · Tipps 99
- · Umpflanzen 99

Wintersalate 12, 60, 72–74
- · Aussaat 73
- · Ernte 73
- · Erste Hilfe 74
- · Gartenkalender 163
- · Tipps 74
- · Umpflanzen 73

Würmer 30, 32, 36f., 117f., 120

Zehn Gebote des Gemüsegärtners 159
Zucchini 12, 60, 81–83
- — *Siehe* auch Rezepte
- · Aussaat 82
- · Blüten 81f.
- · Ernte 82
- · Erste Hilfe 82
- · Gartenkalender 162
- · Gründüngung 83
- · Mischkulturen 60
- · Nachbarpflanzen 83
- · Umpflanzen 82

Zwiebeln 12, 57, 93